Erkenne dich selbst
Tu was du willst
Nichts im Übermaß

FSC
www.fsc.org
MIX
Papier aus verantwortungsvollen Quellen
Paper from responsible sources
FSC® C105338

Impressum
Zweite, erweiterte und vollständig überarbeitete Auflage von:
Der ewige Mensch – Reinkarnation aus neuer Sicht


Teschler Verlag / Frauke & Wilfried Teschler GbR
Wilhelmshofalle 77   47800 Krefeld
Telefon: +49 2151 350 67 82
E-Mail: mail@teschler.info

Bild auf dem Cover: „Mann hält surreales Gemälde einer Promenade“ Stockfoto von francescoch

Herstellung und Druck über tolino media GmbH & Co. KG, München.
Printed in Germany

Frauke und Wilfried Teschler

# Der ewige Mensch

Die Bedeutung vergangener Leben verstehen

## ABC: Jetzt, Raum und Zeit
[jɛtst, ʀaum ʔʊnt tsa:it]

Da der Mensch das Jetzt nur bedingt ertragen kann,
will er mehr.
Er begibt sich in Zeit und Materie,
und schafft sich immer wieder in neuen Formen,
mit neuen Inhalten.

Hört er damit auf, findet er sich und die Stille.

# Inhalt

# Vorweg

DER EWIGE MENSCH befasst sich mit einem strittigen Aspekt des menschlichen Lebens – die Frage der Reinkarnation sowie der Relevanz, die das Thema für uns heute hat.

Es ist ein praktisches Buch, das von den Erfahrungen Tausender Rückführungen und einer tiefen körpertherapeutischen Arbeit berichtet. Was hier geschrieben ist, entspringt den Erlebnissen all jener, die sich systematisch mit ihren vergangenen Leben auseinandersetzen.

Dogmen oder Wissen aus zweiter Hand finden Sie nicht.

Wir stellen in diesem Buch eine neue Sicht auf Reinkarnation vor, indem wir schildern, wie allgegenwärtig und alltäglich vergangene Leben sind, wie sie uns prägen, Lebensthemen und Probleme mit sich bringen, ohne dass wir etwas von ihnen wissen.

Sie finden Erfahrungsberichte, die Systematik einer grundlegenden Bewusstseinsentwicklung des Menschen, ein kleines ABC wichtiger Begriffe zur Reinkarnationstherapie und Einblicke in neue, unbekannte Inkarnationsformen.

Ein Highlight ist ein persönliches Interview aus dem Leben des Klaus Störtebeker.

Und: Möchten Sie sich selbst an die Auseinandersetzung mit vergangenen Leben wagen? Dafür gibt es Übungen und Meditationen als Hinführung zu einer Inkarnationserinnerung.

„Der ewige Mensch" ist ein Lesebuch. Jedes Thema kann für sich genommen werden. Lassen Sie sich von den Themen anziehen, wie sie kommen – nur verpassen Sie keins! Das wäre einfach zu schade.

Viel Spaß, Inspirationen und neue Gedanken

Frauke und Wilfried Teschler

## ABC: Inkarnation
[ʔɪnkaʀnatsio:n]

Das Wort Inkarnation kommt aus dem Lateinischen und leitet sich von den Worten „in“ und „carne“ ab, was so viel wie „im Fleische sein“ bedeutet.

Als Inkarnation bezeichnen wir Informationen aus vergangenen Menschenleben und vormenschlichen Existenzformen, die „in carne“, im Fleisch als energetische Information vorhanden sind.

Der Begriff Inkarnation legt den Schwerpunkt der Auseinandersetzung mit früheren Leben auf das „Jetzt“, auf die Informationen und energetischen Muster, die heute körperlich erlebbar sind.

Inkarnationen sind jetzt, auch wenn sie eine Referenz in vergangenen Tagen haben. Es sind Muster, die das Verhalten und Erleben eines Menschen beeinflussen, trotzdem sie nicht ins Jetzt gehören.

# Wie die erste Inkarnation zu mir kam

Es gibt viele Wege, die zu den Erinnerungen an frühere Leben führen. Meist wird die Erinnerung direkt angesteuert, indem man eine Rückführung besucht. Es gibt jedoch auch den Fall, so „mir nichts dir nichts" mitten in ein Inkarnationsgeschehen hineinzustolpern. Das geschieht immer wieder. Man kann nicht sagen, welcher Weg der bessere ist. Alle sind auf ihre Art einzigartig. Doch eines ist für alle gleich - die erste Inkarnation, die man erinnert, bleibt bei jedem als etwas ganz Besonderes im Gedächtnis zurück.

Zu Beginn hören wir Wilfried Teschler. Er hat unsere Reinkarnationstherapie begründet und damit die umfangreichste und radikalste Auseinandersetzung mit vergangenen Leben und Existenzen geschaffen, die derzeit praktiziert wird.

Er ist auf eine sehr spezielle Art mit seiner ersten Inkarnation konfrontiert worden - nicht ganz freiwillig dafür aber mit nachhaltigen Folgen, denn er hat dabei gleich eine vollkommen neue und sehr effektive Möglichkeit, ein vergangenes Leben zu erinnern, entdeckt.

Einfach klasse und typisch Wilfried!

## So fing alles an...

## Wilfried Teschler

Ohne zu wissen, was auf mich zukommen würde, habe ich mich mit Inkarnationen befasst. Das habe ich getan, obwohl es mir körperlich, psychisch und sozial recht gut ging, ich keine Beschwerden hatte, nirgendwo.

Nur, ... da war ein eigenartiges, komisches, für mich nicht definierbare Gefühl.

Ich hatte einen guten Job, genug bis viel soziale Anerkennung, war auf Grund unspezifischer Rückenschmerzen beim Arzt gewesen, der „nichts" feststellen konnte, hatte wirklich gute, zuverlässige und nette Freunde, die mir irgendwie trotzdem nicht reichten. Ich hatte durch meinen recht guten Job recht gutes Geld, genügend Freizeit und noch mehr Urlaub, den ich auch gerne nutzte.

Doch, ...

Da war etwas, eine ungestillte, unbeantwortete Frage: Was soll das? Was ist das? Wozu und wem dient das?

Und überhaupt?

Ich hatte das Glück an einer Fachhochschule studiert zu haben, in der wir Studenten an Selbsterfahrungsgruppen teilnehmen konnten (mussten) und dafür auch noch einen „Schein" (so nannte man die Bescheinigungen für die erfolgreiche Teilnahme an einer Lehrveranstaltung) erhielten.

Ich erinnere mich, dass ich an einem solchen Seminar teilnahm. Es war spannend, es war lebendig, ich wusste nicht immer, wie und was mit mir durch die einfachen Übungen zur Selbsterfahrung geschah.

Die Breite und Tiefe des freigelegten Gefühlslebens war einfach überwältigend. Einige Wochen nach dem Seminar kam ich wieder in den sogenannten Normalbereich des Lebens.

Es wurde wieder langweilig, unkreativ, stupide. Kurz gesagt: Ich hatte eine mir bis dato unbekannte, interessante Welt kennengelernt, die einfach mehr versprach...

Damit hatte die bewusste Suche nach einem „Etwas" angefangen.

Ich hätte damals nicht sagen können, was es sein könnte, doch es war, als hätte ich - irgendwo da draußen in der Ferne - etwas gesehen, was meine Aufmerksamkeit fesselte und nach meiner Aufmerksamkeit verlangte.

Nach meinem Studium besuchte ich selbstverständlich Fortbildungsseminare, absolvierte eine therapeutische Zusatzausbildung, probierte dies und das, besuchte hier und da weitere Selbsterfahrungsgruppen, lernte viele Trainer, Institutionen und Methoden kennen. Die Spannung, das Interesse ließ mit der Zeit nach, und das bis zu diesem Zeitpunkt fühlbare und doch nicht formulierbare Ziel verschwand irgendwie wieder aus meinem Sinn.

Denn:

Ich hatte ja genug bis viel soziale Anerkennung, war auf Grund unspezifischer Rückenschmerzen beim Arzt gewesen, der „nichts" feststellen konnte, hatte wirklich gute, zuverlässige und nette Freunde, was mir irgendwie und trotzdem nicht reichte. Hatte durch meinen recht guten Job recht gutes Geld, genügend Freizeit und noch mehr Urlaub, den ich auch gerne nutzte.

Doch, ...

Da waren ungestillte, unbeantwortete Fragen: Was soll das? Was ist das? Wozu und wem dient das, was ich hier mache?

Und überhaupt?

Da war sie wieder, diese Frage, die mir keine Ruhe ließ, die eigentlich keine aussprechbare Frage war und doch leise, tief und unaufhörlich in mir rumorte.

In der Zwischenzeit hatte ich weitere Seminare zur beruflichen Fortbildung (Sozialarbeit) besucht. Neben Anderem lernte ich eine, auf den polaren Prinzipien des Yin und Yang beruhende, Energiemassage kennen. Das war die erste Methode, bei der ich, wie ich es damals ausdrückte: „keinen leeren, schalen Geschmack im Mund hatte", wie bei so vielem, was mir begegnet war.

Weil ich die polare Energiemassage einfach nur gut und hilfreich fand (subjektiv und ganz unwissenschaftlich), machte ich mich auf den Weg diese Methode, die u. a. ihre Wurzeln im Fernen Osten (Ayurveda) hat, für uns Westler zugänglicher und praktikabler zu machen.

Daraus entstanden ist die Körpertherapiemethode Polarity, die ich ab 1980 aufbaute. Wie die Entwicklung von Polarity weiterging, gehört nicht an diese Stelle. Doch eine gegenseitige Befruchtung muss und werde ich später schildern, denn ohne die Entwicklung dieser Methode und ohne die Kenntnis einer bestimmten Technik aus Polarity gäbe es heute die Inkarnationsarbeit nicht.

Ich hatte eine sehr gute Grundlage für meinen Beruf, besuchte weiterhin das eine und andere Fortbildungsseminar, denn: „Zu viel kann man kaum lernen".

Neben den unterschiedlichen Denkrichtungen, Methoden und Techniken lernte ich natürlich auch immer mehr Menschen kennen. Mit einem Menschen verband mich über längere Zeit hinweg eine tiefe Beziehung. Über diesen Menschen kam ich mit Gedanken in Berührung, die ich zwar hier und da schon mal gehört hatte, mich jedoch nie ernsthaft beschäftigten. Der Gedanke bzw. der Glaube an die Wiedergeburt gehörten dazu.

Ich war damals gar nicht an diesen Dingen interessiert. Mein Interesse galt in erster Linie meiner „unwissenschaftlichen" Energiemassage und deren Weiterentwicklung.

Inkarnationen oder Reinkarnationen, Wiedergeburt, Karma und Ähnliches waren mir zwar geläufige Worte, doch ich konnte sie einfach überhören und für uninteressant erklären. Es war und ist jedoch eigentlich nicht meine Art, denn ich bin von jeher ein Mensch, der sich gerade für das ihm Unbekannte interessiert.

Im Rückblick muss ich sagen, ich hatte einen triftigen Grund, das Reinkarnationsthema für weniger interessant bis gänzlich uninteressant zu erklären.

Der Grund für meinen distanzierten Umgang war tief in mir begründet. Heute ist mir bewusst, dass ich keinen „Resonanzkörper" für dieses Thema hatte. Er war auf Grund meiner Herkunft und Sozialisation einfach nicht ausgebildet oder vielleicht sogar abgetötet. Mir machte das Thema, ohne dass ich es damals in Worte hätte fassen können, Angst.

In Gesprächen kamen wir immer wieder auf Inkarnation, Reinkarnation, ich lernte den Karmabegriff kennen, die unterschiedlichen Sichtweisen der religiösen Richtungen, ohne dass ich es wollte und beabsichtigte. Damals habe ich, neben der beruflichen Weiterbildung durch Seminare, auch sehr viel gelesen, und so stieß ich auch auf Bücher zum Thema Reinkarnation.

In Erinnerung habe ich, dass ich sehr Vieles, was geschrieben war, für religiös bedingte Phantasie und für eine erweiterte Märchenstunde gehalten habe. Und was interessierten mich Märchen? Gar nicht, denn was ich suchte waren Antworten auf die Fragen „Was hält den Menschen unbewusst und krank?" und „Wie kann der Mensch im umfassenden Sinne des Wortes bewusst und heil werden?"

Soweit, so gut. Meine Freundin, der das Thema Wiedergeburt eine Herzensangelegenheit gewesen sein muss, ließ nicht locker, mich mit dem Thema zu beschäftigen und zu konfrontieren.

Eines Tages, als ich mich wieder „gezwungenermaßen" mit ihr darüber unterhielt, fragte sie mich wie aus heiterem Himmel, ob ich mir vorstellen könne, schon mal gelebt zu haben. Nach einem äußerlich skeptischen, innerlich sehr wachen Schweigen, mit gespitzten und großen Ohren, wich ich der Antwort mit der Feststellung aus, dass, wenn es so wäre, ich ja auch schon mal gestorben und tot gewesen sein müsste. Ich ließ sie weiterreden und trug so meinen Teil dazu bei, das Gespräch über das Thema ausklingen zu lassen.

Doch der Gedanke saß in mir fest. Schon mal gelebt haben? Und das vielleicht sogar schon mehrmals? Wie sah ich damals aus, welche Schuhgröße hatte ich denn damals und welche Schuhe? (An diesen erstaunlichen und „kleinen" Gedanken erinnere ich mich, so als wenn ich ihn gestern gedacht hätte.)

Mein Interesse an dieser Frage wuchs langsam und unaufhörlich.

Wenn ich „früher" schon einmal gelebt habe, werde ich in Zukunft auch noch mehrmals leben?

Habe ich ein Leben im KZ beendet oder war ich auf der anderen Seite?

Habe ich schon mal als Frau gelebt?

War ich eine berühmte Persönlichkeit?

Habe ich heute noch die Fähigkeiten von damals?

Wenn ich heute die Fragen derjenigen höre, die mit dem Phänomen der Inkarnationen Kontakt bekommen, hören sie sich ganz ähnlich an. Ich kann sie auf Grund meiner eigenen Geschichte gut verstehen und auf Grund meiner inzwischen vorhandenen Erfahrungen auch beantworten. Ich tue das jedoch nicht gerne, weil ich der Ansicht bin, jeder, der sich dafür interessiert, sollte sich auf den Weg machen, sich selbst die Fragen zu beantworten, denn das bringt erst die wirklich qualifizierte und fundierte Selbsterfahrung und Sicherheit in den Antworten.

Dazu ein Zitat, das Gautama Buddha zugeschrieben wird:

„Glauben Sie an nichts, nur weil Sie es gehört haben. Glauben Sie nicht einfach an Traditionen, weil sie von Generationen akzeptiert wurden. Glauben Sie an nichts, nur auf Grund der Verbreitung durch Gerüchte.

Glauben Sie nie etwas, nur weil es in Heiligen Schriften steht. Glauben Sie an nichts, nur wegen der Autorität der Lehrer oder älterer Menschen. Aber wenn Sie selber erkennen, dass etwas heilsam ist und dass es dem Einzelnen und allen zu Gute kommt und förderlich ist, dann mögen Sie es annehmen und stets danach leben."

Buddha (Kâlâma Sutra Anguttara-Nikâya)

Gleich ob diese Aussage von Buddha persönlich ist oder nicht, ich kann mich dieser Aufforderung voll und ganz anschließen.

Doch zurück zu der Zeit, als meine erste Inkarnation zu mir kam.

Meine Freundin ließ nicht locker. Wochen nachdem ich die Frage, ob ich mir vorstellen könnte schon einmal gelebt zu haben, unbeantwortet gelassen hatte, kam sie für mich wie aus heiterem Himmel mit einer weiteren Frage: „Wilfried, sag mal, willst Du eigentlich immer der dumme Bauer aus dem Mittelalter bleiben?"

Die Frage traf mich wir ein Blitz. Ich hatte innerhalb weniger Sekunden das Gefühl zu erstarren. Hatte ich richtig gehört? „Dummer Bauer?! Mittelalter? Ich?"

Den Gefühlssturm, der dann einsetzte, erinnere ich sehr gut.

Ich stamme zwar aus einer bäuerlich – handwerklichen Familie, bin aber weder dumm noch „aus dem Mittelalter".

Dumm? Ich? Niemals! Das konnte faktisch nicht sein. Einfach deshalb nicht, weil ich während meines Studiums umfangreiche Intelligenztests absolviert und analysiert hatte. (Denn ich musste eine Arbeit zum Thema Intelligenztest verfassen.) Dort hatte ich es schwarz auf weiß, ich gehörte nachgewiesenermaßen zu den Hochintelligenten!

Diese Frage ließ mich erstarren. In Sekundenbruchteilen stand mein reflexartiger Protest gegen die „Unterstellungen" in dieser Frage wie eine unverbrüchliche Mauer. Alles in mir schrie: Nein!!! Alles in mir war auf Abwehr!

Dabei war es und ist es nach wie vor nicht meine Art, so rigoros auf etwas zu reagieren. Auf Grund meiner nicht steuerbaren Reaktion wurde mir sofort klar: Diese Frage musste mich oder etwas in mir sehr genau getroffen haben.

Doch was nur?

Ich ließ das Thema, jedenfalls „offiziell", aus meinem Leben verschwinden. Mit der Zeit wurde das Rumoren uninteressanter, vielleicht hörte es auch ganz auf, ich hatte genug zu tun, hatte mich selbständig gemacht, Frau und Kinder kamen mit den Jahren hinzu. Das tägliche Leben, die täglichen Anforderungen verlangten meine Aufmerksamkeit.

Im Winter 1982 lernte ich den „dummen Bauern aus dem Mittelalter" persönlich kennen. Das Kennenlernen passierte anscheinend „einfach so" und unverhofft.

Und das war so: Ich hatte die Körpertherapiemethode „Polarity Körperenergiearbeit" entwickelt. Zu dieser Methode gehört eine Technik, mit der man auf einfache Art und Weise blockierte Gefühle ins Bewusstsein und ins Erleben bringen kann. Da diese Blockierungen körperlich manifest sind, kann man sie auch in einer Körperhaltung realisieren, diese Körperhaltung bewusst erleben und in der Folge die Energien der Blockierung freisetzen und sich deren Inhalte bewusstwerden lassen.

Diese Technik fiel mir unversehens ein, als ich in meinem Büro saß, an einem Buch arbeitete, nicht recht mit dem Text vorwärts kam und Langeweile verspürte, die nach Abwechslung verlangte und nach Abenteuer schrie.

Mir kam, und das sorgte sofort für Abwechslung in meinem gelangweilten Innenleben, die Frage meiner früheren Freundin in den Sinn: „Wilfried, willst Du eigentlich immer der dumme Bauer aus dem Mittelalter bleiben?"

Ich brachte den Hinweis auf die Inkarnation, die sich hinter der Frage versteckte und die von mir entwickelte Technik, blockierte Gefühle durch Körperhaltungen ins Bewusstsein zu rufen, zusammen.

Ich stand von meinem Stuhl am Schreibtisch auf und ging in die Körperhaltung der, durch die Frage in mir angesprochenen, Inkarnation. Ich tat es ohne Überlegung, Kontrolle oder ein bewusstes Ziel. In mir war nur: „Jetzt will ich es aber wissen!"

Ich stellte mich (für meine Verhältnisse) überaus gerade hin und nahm nahezu eine Herrscherhaltung ein. Ich begann automatisch und regelmäßig tief durchzuatmen, nahm die Schultern nach hinten (ganz anders als am Schreibtisch sitzend), schaute „klaren Blicks" (so das Gefühl) geradeaus und hielt meine rechte Hand, so als ob sie auf einem Schwertknauf läge.

Es dauerte nicht lang, da spürte bereits, wie ich den Knauf nach vorne und die Schwertklinge, die in der Scheide steckte, nach hinten drückte. Dazu brauchte ich recht viel Kraft, weil das Schwert mir schwer erschien. Denn „ich" wollte nicht, dass die Schwertspitze durch den Morast schleifte. Genau gesagt: Ich erlebte, dass „ich" nicht wollte, dass die Schwertspitze durch den Morast schleift.

„Ich" hörte wenig, fühlte wenig, schaute meist geradeaus, dachte nichts und empfand mich als eine grobe und massive Gestalt. Das war ein Erleben, welches ich mir zwar nicht gewünscht hatte, in dem ich mich aber nun mittendrin befand.

Ich stand plötzlich als „dummer Bauer aus dem Mittelalter" neben meinem Schreibtisch und hatte ein Erleben, das mir in dieser Form, mit diesen Inhalten einerseits ausgesprochen fremd war und andererseits irgendwie sehr bekannt vorkam.

Ich wusste sofort, das ist kein Bauer, zwar auch kein sonderlich intelligenter Mensch, aber kein Bauer! Das war ein Mensch, der Verantwortung zu tragen wusste, der wusste, wo es „im Leben lang" geht, für sich wie für andere. Das war ein Mensch, der zu arbeiten wusste, zupacken konnte und einen Überblick hatte, der weit über das normale Maß hinausging.

Mir wurde, während ich wie aus dem Nichts diese Inkarnation realisierte, klar, dass dieser Mensch auf Grund seiner Verantwortung und seiner sozialen Position keine Freizeit und keine Vergnügungen kannte.

Auch weitere Details erschlossen sich blitzschnell: Wie sein Lebensgefühl war, wie er „über die Welt" dachte und dass er ein Mensch mit Visionen war.

Ich verharrte einige Zeit in der Haltung. Dann setzte ich mich auf meinen Schreibtischstuhl und wusste nur noch eins: Heute kann ich mit Sicherheit nicht mehr arbeiten. Das Ereignis hatte mich emotional vollkommen ergriffen, es hatte mich in Mark und Bein erschüttert und war körperlich sehr erschöpfend. Zusammenfassend muss ich sagen: Ich hatte eine Tür aufgetan, von der ich zu diesem Zeitpunkt nur intuitiv wusste, dass ich sie nie mehr würde schließen können.

In den darauffolgenden Stunden kamen mein „normales“ Denkvermögen und meine normale, im „jetzigen“ Leben übliche Empfindungs- und Bewegungsfähigkeit langsam wieder zurück. Doch die Erfahrungen wirkten noch Tage nach. Mir wurde klar, dass ich den „dummen Bauern“ aus dem Mittelalter erlebt hatte. Ich konnte das „dumm“ bestätigen. Er emotional recht dumpf und gedanklich nicht sonderlich rege.

Den Zeitraum „Mittelalter“ konnte ich auch bestätigen. Es war klar, dass die Kleidung aus Tuch und Leder und Riemen bestand. Das massive Schwert passte ebenfalls zum Mittelalter. Nach und nach kamen Erinnerungsfetzen, ausgelöst durch die Erfahrungen in der Körperhaltung, „nachgeweht“.

Der Mann war, genau wie sein Schwert, eine massive Erscheinung. Er stand in einer - für ihn kleinen - Befestigung (Bauernhof) knöcheltief im Morast. Fast alles um ihn herum war aus Holz gebaut. Die Behausungen waren einfach, praktisch und auf Verteidigung ausgelegt, es stank nach Tieren, Kot und Menschen, aber niemand schien sich daran zu stören. Es herrschte ein wehrhaftes und zugleich heimeliges Klima.

„Nachgeweht“ kam auch, dass der Mann jung und im Verhältnis zu den anderen Anwesenden gesund und stark war und dennoch nicht wie sie auf dem Hof arbeitete.

Er strahlte eine Autorität aus, derer er sich innerlich nicht gewiss war, wobei er gleichzeitig fühlte, dass es richtig, gut und für alle hilfreich war, wenn er genau die Ausstrahlung zu Tage brachte. Das wurde von ihm erwartet und für ihn war es keine Frage der Entscheidung, sondern eine Sache der Selbstverständlichkeit.

Ich fand das alles ausgesprochen interessant, in gewisser Weise auch erschütternd und entsetzlich. Ich hatte mir durch mein Erleben den Beweis erbracht, dass „ich“ den dummen Bauern aus dem Mittelalter in mir trug. Und wenn ich meiner Freundin glauben konnte, hatte ich gerade eine frühere Inkarnation erlebt.

Ich verstand ohne Umschweife, dass mein gesamtes bestehendes Weltbild damit ad absurdum geführt war. Zunächst registrierte ich dies als Feststellung, dann wurde mir die Bedeutung Schritt für Schritt klar und klarer.

Doch das sind ganz persönliche Dinge.

Ich lernte in der Folge noch sehr viele Inkarnationen kennen. Danach fragte ich andere, ob sie nicht auch Inkarnationen kennenlernen wollten.

Ich entwickelte in den, auf diese erste Inkarnationserfahrung folgenden, Jahren eine praktisch orientierte „Inkarnationstherapie", mit der jeder, der die Techniken und die Theorie der Inkarnationen als Koordinatensystem beherrscht, seine Inkarnationen selbständig erinnern und lösen kann.

Andererseits entdeckte ich eine Systematik der Inkarnationen, die vom absoluten Nullpunkt bis zu den Begründungen, Ursachen und Entstehungszusammenhängen für die nächsten, zukünftigen Inkarnationen reicht.

Selbstverständlich setzte ich mich mit religiösen und philosophischen Ansätzen zu den Themen Wiedergeburt, Reinkarnation und Karma auseinander.

Z. B. wurde mir klar, dass es „Karma" als solches nicht gibt. Es ist ein behauptetes, rein gedankliches, künstliches, politisches und soziales Konstrukt, das über die Definition eines „guten" und „schlechten" Verhaltens zur Reglementierung der Menschen dient. Man kann es alleine daran erkennen, dass es die unterschiedlichsten Karmabegriffe gibt, die jeweils als „letzte Wahrheiten" die Runde machen.

Ich bin in den Jahren nach meinem ersten Inkarnationserlebnis zu dem Punkt gekommen, dass die erlebte Erinnerung und nicht das reale Geschehen wesentlich ist. Es wurde mir zunehmend klar: Die erlebbare Erinnerung gibt die körperliche, soziale und psychische Anbindung an Inkarnationen wieder.

Heute sehe ich, dass es unerheblich ist, ob es Inkarnationen faktisch gibt oder gegeben hat, denn die Erinnerung/Anbindung bildet das Muster, welches den Menschen körperlich, psychisch, geistig und sozial daran hindert, das zu sein und das zu tun, was er hier und heute ist und wirklich will.

Jede Inkarnation ist erinnerbar und das ist jetzt.

Damit steht eine Reinkarnationstherapie, die nicht auf Gutglauben, Behauptungen und Annahmen, sondern auf handfestem Wissen und auf Erfahrbarkeit basiert.

Wir Frauke und Wilfried Teschler möchten, dass diese Möglichkeiten von vielen Menschen erlernt und genutzt werden.

## Sie kam und ich verstand NICHTS!
## Frauke Teschler

Ich erlebte meine erste Inkarnation, ohne jemals etwas von Reinkarnation geschweige denn von Inkarnationen gehört zu haben. Und: Ich erlebte meine erste Inkarnation, ohne zu verstehen, dass es sich dabei um eine Inkarnationserinnerung handelte.

Ich war ca. 13/14 Jahre alt, saß in meinem Zimmer in Hamburg-Fuhlsbüttel und sehnte nichts mehr herbei, als auf einem Bett liegend durch eine Landschaft geschoben zu werden (so fühlte es sich an). Dieser Wunsch, diese Sehnsucht tauchten immer wieder auf und machten mich ratlos. Ich wusste einfach nicht, was ich damit anfangen sollte.

Wie war dieses Bild zu verstehen? War ich eigentlich in meinem Inneren faul, ein bequemer Mensch, der nicht gehen, nicht laufen, sich nicht bewegen wollte? Ich war doch in meinem realen Leben so aktiv, machte viel Sport, spielte Handball, schwamm im Verein, war körperlich fit und ständig in Bewegung...

Oder war es ein Traum, der entstand, weil ich aufgrund des vielen Sports oder anderer Umstände ein Erholungsbedürfnis hatte, von dem ich gar nichts wusste?

Wünschte ich mir, behindert zu sein und mich ganz und gar versorgen zu lassen? Betten auf Rädern kannte ich nur aus dem Krankenhaus oder aus Behinderteneinrichtungen von Menschen, die sich nicht bewegen konnten.

Oder war die Sehnsucht ein Ausdruck davon, dass ich Ruhe haben wollte, weil mir mein ganzes Leben zu viel war?

Vielleicht würde ich den Sinn verstehen, wenn ich diesem Wunsch nachkäme, ihn verwirklichte. Aber wie sollte ich das machen? Sollte ich meine Freunde, meine Familie fragen, ob wir ein Bett auf Rädern bauen könnten, damit sie mich damit mal durch die Gegend schieben...? Ich räumte diesem Versuch wenig Chancen ein, denn ich traute mich nicht mal, ihn zu äußern. Ich wollte nicht blöd dastehen!

Viele Dinge gingen mir durch den Kopf, doch was ich mir auch ausmalte, es passte einfach nicht zu dem Gefühl, was sich mit Bild verband. Dies Gefühl war einmalig, es fühlte sich ganz und gar vollkommen an.

Viele Jahre später, nachdem ich bereits eine ganze Reihe meiner Inkarnationen kennengelernt hatte, stieß ich auf ein Erlebnis und mir fielen sprichwörtlich die Schuppen von den Augen:

Ich erinnerte das Leben einer Indianerin, die in Canada/Nordamerika zuhause gewesen war. Sie hatte kein leichtes Leben und war, wie fast alle Indianer, die Mitte bis Ende des 19. Jahrhunderts in dieser Region lebten, ihrer Tradition, ihrer Kultur und ihrer ursprünglichen Lebenszusammenhänge entrissen worden.

Sie hatte ihren Lebensraum verlassen müssen, in elendigen Verhältnissen in Städten gelebt, sich im Dreck der Behausungen mit Tuberkulose infiziert, den Dreck hinter sich lassen können und gemeinsam mit politisch aufgeklärten Weißen, anderen Indianer und Schwarzen eine Gemeinschaft gegründet.

Die Gemeinschaft war gelebter Protest gegen die politische Ordnung und Diskriminierung in Amerika. Sie war der Versuch Rassengleichheit und demokratische / gerechte Strukturen aufzubauen. Hier war sie eng mit einem einmaligen und unglaublichen Mann verbunden, der die tragende Säule der Gemeinschaft war.

Es war für sie ein gutes Leben, doch innerlich fraß nicht nur die Tuberkulose an ihr. Sie war irgendwie leer, emotionslos, wie ausgelöscht. Als der Mensch, der sie ursprünglich gewesen war - eine indigene Einwohnerin Nordamerikas, gab es sie nicht mehr. Um zu verstehen, was damit gemeint ist, muss ich etwas ausholen. Ich selbst habe in der Erinnerung dieser Inkarnation eine ganze Weile gebraucht, um ihre Leere wirklich zu verstehen.

Ich musste dafür einen Teil der indianischen Kultur und Identität verstehen. Als Indianerin existierte sie - und offensichtlich auch die anderen Menschen ihrer Kultur - nicht als ein Individuum, so wie wir es von uns Westeuropäern kennen und gewohnt sind. Indianer haben keine persönliche, individuelle Identität.

Sie sind und erleben sich als ein Teil der sie umgebenden Landschaft.

Sie erleben sich als eins mit den Bäumen, Pflanzen, Tieren, Seen und Flüssen, die ihr Lebensumfeld bilden.

Als ich dies erleben konnte, wurden mir sehr viele Dinge klar, die ich bisher an der indianischen Geschichte nicht verstanden hatte. Der unglaubliche Mut, mit dem sie, ohne auf sich selbst zu achten, in den Kampf zogen; ihre Unfähigkeit unter den neuen Bedingungen für ihr Überleben zu sorgen; die Unfähigkeit, die Motive und Vorgehensweisen der weißen Siedler zu verstehen; sie konnten diesen räuberischen Umgang mit der Natur einfach nicht nachvollziehen, denn er war ihnen vollkommen fremd.

Ihre Art war es, eins mit der Natur zu sein, verschmolzen mit dem anderen, in Einheit mit der Lebensumwelt, doch dies war in eingezäunten Gebieten oder einer Stadt ohne Bäume, Tiere, Pflanzen, die das eigene Leben ausmachten, einfach nicht möglich.

Sie war leer, weil sie ihrer ursprünglichen, natürlichen Identität beraubt war. Sie sehnte sich nach ihrem Leben, was in der Einheit mit dem Ahornbaum, dem Wasser des Sees, den Fischen, die in ihm schwammen, und vielem mehr bestand.

Die Tuberkulose war stark, denn mit ihrer hintergründigen Leere und Traurigkeit konnte sie der Krankheit kaum etwas entgegensetzen.

Als sie starb, im Sterben lag, tat ihr weißer Lebensgefährte etwas Wunderbares. Er legte sie in ein/ihr Kanu und schob sie hinaus auf einen See. Das Wasser war ruhig, sie glitt sanft über den See und wurde vom Wind davongetragen.

Im Sterben kam sie endlich zu ihrem Ursprung zurück. Sie wurde eins mit dem Wasser, den Wellen, dem Wind, den Vögeln - mit allem, was sie umgab. Endlich war sie zuhause.

Ein größeres Geschenk hätte ihr niemand machen können.

Sie starb glücklich und ging in allem auf.

Als ich diese Inkarnation erinnerte, fielen mir meine sonderbaren Wünsche aus der Jugendzeit ein, und ich wusste sofort: Hier lag der Schlüssel für mein Erleben.

Es ging nicht um Faulheit und auch nicht darum, dass ich mich ausruhen wollte. Die Sehnsucht war die Erinnerung an ein ganz besonderes Inkarnationsereignis.

Aber wie hätte ich das damals wissen sollen!

## ABC: Reinkarnation
[ʀeːɪnkaʀnaˈt͡si̯oːn]

Der Begriff der Reinkarnation (auch Wiedergeburt genannt) bezeichnet die Annahme / den Glauben des immer wiederkehrenden Menschen.

Reinkarnation bedingt, dass zumindest ein Teil des Menschen den Tod überdauert. Dieses Etwas wird je nach kulturellem oder religiösem Hintergrund z.B. Seele, Prana oder Ich genannt. Es verweilt nach dem Tod für eine unbestimmte Zeit im Nichts, um dann zu re-inkarnieren, wiedergeboren zu werden.

In einigen Religionen gehört zum Reinkarnationsgedanken auch der Glaube, dass Menschen als Tiere oder Geister (und umgekehrt) re-inkarnieren können.

Der Glaube und die Annahme der Reinkarnation sind eng mit dem Glauben an Karma (s.u.) verknüpft.

# Das Wichtige im Leben

## So entstehen Inkarnation(sanbindung)en!

Befasst man sich mit den zahlreichen Berichten, die aus Rückführungen in vergangene Leben veröffentlicht werden, kann man den Eindruck gewinnen, Inkarnationserinnerungen bestünden in erster Linie aus Gräuel und Schrecken, die bis ins heutige Leben hineinwirken.

In diesen Texten stehen Hinrichtungen, Morde, ungewöhnliche Todesarten, kurz jegliche Art von bitterstem Trauma im Mittelpunkt der Betrachtungen. Durch die Masse der Schilderungen wird der Anschein erweckt, diese Begebenheiten würden vorrangig aus den vergangenen Leben übrigbleiben. In den Schilderungen wird auf Scheiterhaufen gebrannt, an Galgen gehangen, hinterrücks durch Lanzenstöße gefallen, in Fluten versunken, in Kerkern dahingesiecht, in Schlachten qualvoll gestorben. Ein weiterer, geschilderter Bereich der Erinnerungen und Anbindungen an vergangene Leben besteht in von Gewalt geprägten Beziehungserfahrungen und Rivalitäten, die den Erzählungen nach in heutigen Leben wiederholt werden.

Wo man in Reinkarnationserinnerungen hinschaut, herrscht Angst und Schrecken. Erstaunlicherweise gibt es in diesen Berichten meist nur Opfer, die Täter, die ja auch irgendwo gewesen sein müssen, erinnern sich offensichtlich nicht.

Doch, ist es wirklich so, dass aus vergangenen Leben vor allem die Gräuel übrigbleiben und erinnert werden? Kann es sein, dass wir vor allem durch traumatische Erfahrungen an Inkarnationen gebunden sind? Ist das wirklich der Kern der Auseinandersetzungen mit vergangenen Leben?

Ich bezweifele dies aus eigener Erfahrung in der Inkarnationsarbeit aufs Heftigste. Unsere Kenntnis von unzähligen Inkarnationen und unsere gründliche Auseinandersetzung mit den Phänomenen, die mit Inkarnationserinnerungen einhergehen, lässt ganz andere Erfahrungen in den Mittelpunkt der Betrachtung rücken. Mehr noch, sie wirft ein ganz anderes Licht auf das, was aus vergangenen Menschenleben übrigbleibt und im jetzigen Leben eine Rolle spielt.

Ohne die geschilderten Erlebnisse in Frage stellen zu wollen, legen sie den Gedanken nahe, dass es sich bei den Berichten im Grunde um die Bewältigung und Bearbeitung von grundlegenden Ängsten und Phobien handelt, die als Bilder in vergangene Leben projiziert werden, durch sie eine gangbare Erklärung finden und bearbeitet werden können. Mit den Erfahrungen, die wir aus Inkarnationserinnerungen beisteuern können, decken sich diese massiven Schilderungen nicht.

Ich möchte in diesem Kapitel von Menschenleben erzählen (und erzählen lassen), davon, was diese Menschenleben ausgemacht hat, was in ihnen wirklich wichtig war und so prägend wurde, dass es noch heute „in carne" vorhanden ist. Was ich im voraus sagen kann: Es sind nicht immer die Gräuel, Schrecken und Sensationen, die ein Menschenleben wirklich nachhaltig prägen. Es sind vielmehr alltägliche Erfahrungen, Erlebnisse und Lebensgegebenheiten, die einem Leben eine einmalige Note und Wendung geben. Es sind die Entscheidungen, die der Mensch getroffen hat, die Lebensbedingungen, mit denen er umgehen musste, angefangen bei der Witterung, über die vorhandene Nahrung, bis zur Möglichkeit den Lebensunterhalt zu bestreiten. Es ist nur selten spektakulär, was einen erwartet, stellt man sich grundsätzlich und ohne ideologische oder befürchtende Erwartungen den Erinnerungen/Anbindungen, die aus Inkarnationen in uns vorhanden sind.

In der Regel fehlt Menschen das Bewusstsein dafür, welche Teile ihres Lebens und ihrer Persönlichkeit von Inkarnationen besetzt sind, denn diese Besetzungen sind so normal, dass man nichts von ihnen merkt. Ist die Wahrnehmung aber erst einmal geschult, fällt auf, in welchen Bereichen Inkarnationen alles eine Rolle spielen. Als Beispiele nenne ich hier nur das Lebensgrundgefühl, die Berufswahl, die Kleidung, persönliche Neigungen, den gesundheitlichen Zustand und das Sozialverhalten.

Schaut man genau hin, stellt man fest, dass Inkarnationen in allen Lebensbereichen relevant sind und ein Menschenleben rundum prägen.

## Kaperfahrten und ihre Begleiterscheinungen

Ein 44-jähriger Mann berichtet:

*„Ich erlebe gerade eine Inkarnation, ich meine es muss das 14./15. Jahrhundert sein. Ich sehe mich als ca. 14-jährigen Jungen/Mann, ich bin unterwegs auf der Suche nach Arbeit und Essen.*

*Meine Familie wohnt auf einem Gut, rund 20km von der Ostseeküste entfernt, meine Eltern sind Magd und Knecht auf dem Gut. Ich habe drei Geschwister und bin der Älteste von ihnen.*

*Ich muss das Gut verlassen, denn es gibt derzeit nicht genug Arbeit, die Ernte war schlecht, der Gutsherr weiß nicht zu wirtschaften, das Gut steht seit längerem bei Gläubigern in der Schuld. Ich schlage mich durch bis zur nächsten Hafenstadt, es könnte Wismar sein, um - so ist mein Wunsch - Arbeit auf einem Schiff zu finden.*

*Zu Beginn helfe ich im Hafen, wo es möglich ist: beim Be- und Entladen der Schiffe, beim Reparieren der Taue und Netze. Ich mache mich nützlich und bekannt, um einen guten Ruf zu bekommen, der mir Arbeit auf einem Schiff verschaffen soll.*

*Bei einem Fischer, der mich zum Reparieren seiner Netze gebrauchen kann, habe ich einen Schlafplatz im Schuppen und bekomme immer wieder etwas zu essen. Nachdem ich so den Sommer, den Herbst und einen Winter verbracht habe, kann ich auf dem Handelsschiff eines Schiffseigners, der die gesamte Ostsee bereist, anheuern. Der Eigner ist dafür bekannt, jede Aufgabe zu übernehmen, Handelsfahrten ebenso wie Kaperfahrten, die im Namen der Dänischen Krone durchgeführt werden. Ich bekomme etwas zu essen und habe zu tun, was an Bord anfällt, vom Mahlen und Kochen der Grütze bis zum Schrubben des Schiffsbodens.*

*Den Rest meines Lebens werde ich (mit kurzen Unterbrechungen in dem einen oder anderen Hafen) auf See verbringen.*

*Die stärksten Erinnerungen/Anbindungen, die ich an diese Inkarnation habe, sind die Folgen der Ernährung auf See.*

*Die Nahrung an Bord bestand zu einem sehr großen Teil aus getrocknetem und gesalzenem Fisch. Dieser Fisch war nahrhaft, leicht und ungemein lange haltbar. In gesalzenem Zustand verlängerte sich die Haltbarkeit sogar noch. Je nachdem wie sich die politische Lage an Land gedreht hatte, konnte nicht jeder Hafen angelaufen werden, der gerade in der Nähe lag. Die Ostsee war zu dieser Zeit eine stark umkämpfte Region, in der sich die Machtverhältnisse von heute auf morgen veränderten. Hatten wir gestern mit dem Einen Geschäfte gemacht, konnte es morgen schon unmöglich sein, in dessen Hoheitsgebiet einen Hafen anzulaufen. Für uns hieß das, oft länger auf See zu bleiben, als es vorgesehen war und als die Vorräte reichten. Es bedeutete, kaum noch Wasser zu haben und auf die Reserven - getrockneten Fisch und wenn es gut kam ein paar Fässer Alkohol - zurückgreifen zu müssen.*

*Noch heute ist es mir unerklärlich, warum Leute Stockfisch essen. Alleine der Anblick löst einen vollkommen trockenen Mund bei mir aus. Und nach wie vor spüre ich den permanenten Durst, die unvermeidliche ständige Trockenheit der Haut und letztendlich des ganzen Körpers, die diese Nahrung mit sich bringt. Ist der Fisch nicht nur getrocknet, sondern auch noch gesalzen und nimmt man ihn zusätzlich mit Alkohol zu sich, der manchmal die einzige Flüssigkeit war, die es an Bord gab, steigern sich der Durst und die Austrocknung ins Unermessliche.*

*Bevor ich diese Inkarnation kennenlernte, hatte ich oft Hautprobleme, zu trockene, rissige Haut, empfindliche und trockene Schleimhäute und wusste nicht, wie ich dem beikommen konnte. Eincremen o.k., Naturheilkunde auch o.k., aber es half letztlich nicht wirklich und vor allem nicht dauerhaft.*

*Mit Kenntnis dieser Inkarnation kann ich mir endlich einen Reim auf diese Phänomene machen und je mehr ich mich mit der Inkarnation auseinandersetze, mich den anhaftenden Erlebnissen und Empfindungen stelle, desto besser wird meine Haut.*

*Während der Auseinandersetzung bin ich erstaunt, dass ausgerechnet die Ernährung und ihre Folgen mir so nachhaltig anhaften. Denn dieses Leben hat ja noch ganz andere, viel abenteuerlichere Erlebnisse mit sich gebracht. Unser Handelsschiff entwickelte sich langsam aber sicher immer mehr zu einem Piratenschiff.*

*In meiner Erinnerung bin ich jedoch mit den Untaten, die ein normaler Bestandteil unseres Daseins als Seeräuber waren, vollkommen eins. Das Kapern anderer Schiffe war aus damaliger Sicht ein „Job wie jeder andere" (so würden wir heute sagen), der sich mit der Zeit verselbständigte. Zu Beginn kaperten wir noch im Namen der Krone, hoheitlich legitimiert sozusagen. Später war es jedoch einfach lukrativer, auf eigene Rechnung Schiffe zu kapern als für einen Auftraggeber, der Anspruch auf die Beute hatte. Die Gefahr, in die sich die Mannschaft begeben musste, war dieselbe, doch der Lohn/Ertrag um ein Vielfaches höher.*

*Ich glaube nicht, dass ich ein besonders unmoralischer Mensch gewesen bin, es gab einfach kein Unrechtsbewusstsein über dieses Tun, es gab nur die Frage, ob wir genug zum Leben (sprich zu essen) hatten oder nicht."*

Soweit die Schilderungen aus der Inkarnation eines Seefahrers zur Zeit des berühmten Klaus Störtebeker. Ich habe sie dem Kapitel »Menschenleben« vorangestellt, da die Schilderungen deutlich machen, wie alltäglich die Dinge oft sind, die in den Inkarnationserinnerungen eine Rolle spielen. Nicht die spektakulären Ereignisse, von denen die Erinnerungen handeln könnten wie Raub, Gewalt, Piraterie und Kaperfahrten, sind als prägende Elemente in der Erinnerung/Anbindung vorhanden.

Etwas ganz Anderes, nebensächlich Erscheinendes, war für die Anhaftung an die Inkarnation ausschlaggebend.

Warum ist das so?

Was sind die Dinge, die aus Inkarnationen übrigbleiben und uns heute körperlich, seelisch und geistig prägen? Warum haften diesem Mann gerade die Folgen der Ernährung an?

Könnte es auch etwas Anderes sein?

Erfahrungsgemäß bleiben diejenigen Dinge als Anbindung an ein vergangenes Leben vorhanden, an die ein Mensch sich - wie das Wort schon sagt - gebunden hat. Anbindung geschieht, wenn man entweder mit den Erlebnissen, Lebensumständen und Begebenheiten zu Lebzeiten nicht zurechtkam oder aber, weil bestimmte Lebensfakten einem besonders viel wert waren, man sie besonders liebte oder gar vergötterte.

Was dies jeweils ist, ist natürlich ganz individuell, so individuell wie Menschen eben sind. Setzt man sich im Einzelnen mit diesen Mechanismen auseinander, findet man keine allgemeingültige Regel, kann jedoch zu einem tiefen Verständnis für den Menschen und für die Dinge, die im menschlichen Leben relevant und bestimmend sind, kommen.

Der Seefahrer in unserem Beispiel ist mit seinem körperlichen Zustand nicht fertig geworden. Er hat diesen körperlichen Zustand, den er sich aufgrund der Ernährungssituation einhandelte, nicht verkraftet. Mehr noch, er hat ihn massiv abgelehnt und gelitten.

Die Anbindung an die Inkarnation entsteht, so eigenartig es sich auch anhören mag, durch die Ablehnung! Die existenzielle Ablehnung bewirkt eine Konzentration von Aufmerksamkeit und Energie und so eine „Konservierung" oder Fixierung des Zustands, der abgelehnt wird.

Die Konservierung entsteht durch den Versuch, diesen Fakten des Lebens auszuweichen und sie nicht wahr sein zu lassen. Anders ausgedrückt: das Leben ist an dieser Stelle angehalten und nicht erfüllt. Weil dies so ist, bleibt ein Stück von ihm zurück und die Begebenheit hinterlässt ein energetisches Muster, welches die Zeit überdauert.

Eine 32-jährige Frau berichtet:

*„Ich erlebe derzeit eine Inkarnation, in der ich ein Junge bin, der alleine mit seiner Mutter aufwächst.*

*Die Mutter ist Wäscherin, sie wäscht für andere Leute. Ich kann mich vor allem an große weiße Laken erinnern, denn sie hängen überall herum, auf der Wiese hinter dem Haus, in unserem Haus.*

*Die Zeit scheint das 15. Jahrhundert zu sein, der Ort liegt am Meer, im heutigen Friesland.*

*Meine Mutter ist eine große, starke, man kann vielleicht sogar sagen gewaltige Frau. Ich empfinde sie auf jeden Fall so. Meinen Vater kenne ich nicht, meine Mutter erzählt nichts von ihm. Es ist klar, dass es keinen Mann in unserem Haus gibt. Meine Mutter arbeitet sehr viel und hart, sie wäscht zu Hause und geht in die Haushalte wohlhabender Leute aus dem Ort und macht dort die Wäsche für sie.*

*Ich bin ungefähr ab dem vierten Lebensjahr meist auf mich selbst gestellt, da meine Mutter tagsüber nicht da ist. Ich laufe durch die Straßen und Felder und tue mehr oder weniger, was ich will und möchte. Es gibt andere Kinder, vor allem Jungen, mit denen ich den Tag verbringe. Wir machen viel Ondösch/Unsinn wie man heute sagen würden, Streiche, kleine Diebstähle, besorgen uns, was wir brauchen und mehr. Ich erinnere mich aus dieser Zeit vor allem an den Sand der Dünen, den Geruch des Meeres, die Geräusche der Vögel und den Wind auf der Haut. All das mag ich, hier draußen fühle ich mich wohl und zu Hause.*

*Meiner Mutter gefällt meine Entwicklung nicht, sie will, dass etwas Anständiges aus mir wird. Sie will, dass ich zu etwas erzogen werde, kann es selbst aber nicht gewährleisten. Sie setzt Hebel in Bewegung und bringt mich mit ca. sieben Jahren in die Obhut des örtlichen Priesters.*

*Der Priester besorgt mir einen Platz im nahegelegenen Kloster. Mein Tag besteht von nun an in beten, arbeiten, beten, arbeiten, beten, ein bisschen lernen (lesen, schreiben und den Umgang mit Zahlen) und wieder beten. Jeder Augenblick ist verplant, es gibt keinen Millimeter Spielraum in diesem Ablauf. Halte ich mich nicht daran, gibt es empfindliche Strafen. Vor allen Dingen den Zellenarrest „genieße" ich oft aufgrund meines unbändigen Verhaltens. Das Leben, die Normen und die Enge im Kloster, sind mir eine Qual. Mein einziges Ansinnen besteht darin, zu entkommen.*

*Als ich ungefähr 12 Jahre alt bin, gelingt es mir endlich (nach mehreren Versuchen), wegzulaufen. Ich schlage mich durch bis zur großen Stadt und suche eine Arbeit, was nicht so schwer ist, denn ich bin von kräftiger Statur und habe im Kloster, trotz aller Widrigkeiten, das eine und andere gelernt. Mich treibt es fort, ich muss aus der Enge des Klosters herauskommen, Luft bekommen und der Strenge des Tagesablaufs entfliehen.*

*In meinem jetzigen Leben fiel es mir schon immer unsagbar schwer, einer Tätigkeit nachzugehen, die mit engen zeitlichen und organisatorischen Regeln und Normen verbunden war. Es kostete mich Kraft während meiner Lehrzeit zur Schreinerin, immer pünktlich zur Arbeit zu erscheinen. Von der ständigen Überwindung, die es mir abverlangte, alle Anweisungen des Meisters zu befolgen und den Auftraggebern/Kunden gegenüber folgsam zu sein, auch wenn deren Anweisungen keinen rechten Sinn machten, möchte ich lieber ganz schweigen.*

*Ich lebte auf, wenn ich „mein eigener Herr" war. Nein, ich war nicht faul und auch kein Langschläfer, ich konnte beim besten Willen einfach keine mir willkürlich erscheinenden, engen Regeln und Normen aushalten. Konsequenterweise machte ich mich nach Beendigung meiner Lehre sofort mit anderen zusammen selbständig, im Kollektiv, ohne Meister.*

*Eine weitere, mir bisher unerklärliche Eigenheit in meinem Verhalten war die Unmöglichkeit, mich in kleinen, geschlossenen Räumen aufzuhalten. Ich empfand es als Qual. Heute kann ich sagen: Genau wie damals im Kloster, als mir meine Freiheit, die Luft, die Dünen, der Sand und der Wind genommen worden waren.*

*Jetzt, nachdem ich diese Inkarnation kennengelernt habe und erfahren konnte, welchen Einfluss sie auf mich hat, verstehe ich mich besser. Früher war mein Verhalten für mich unerklärlich. Ich fand es einerseits komisch und andererseits dachte ich, nun ja, so bin ich halt. Ich bin halt aufsässig, freiheitsliebend und kann mich nicht unterordnen. Es gehört wohl zu mir, es ist meine Natur. Doch nun spüre ich genau: Es gehört gar nicht zu mir, es gehört in diese Inkarnation!*

*Je mehr ich die Inkarnation erinnere und mich von den Ereignissen löse, umso mehr realisiere ich, dass das Freiheitsstreben, welches mit der Inkarnation verbunden war, eine Zwanghaftigkeit beinhaltete. Ich konnte gar nicht anders, auch wenn ich anders gewollt hätte. Heute fühle ich mich wirklich freier, denn ich kann, wenn die Situation es verlangt, auch mal in engen Räumen arbeiten oder tun, was ein Kunde von mir verlangt. Die Widerstände sind einfach weniger geworden."*

In bisher publizierten Inkarnationserinnerungen werden fast ausschließlich negative Erlebnisse als prägend und bindend geschildert.

Unserer Erfahrung entspricht das nicht. Das Gute, die positiv besetzten und erlebten Erfahrungen haben manchmal sogar einen viel stärkeren Einfluss, denn sie sind bewährt und werden auch heute noch sozial gefördert. Sie waren wirklich erfolgreich oder wurden zumindest als angenehm erlebt, deshalb konserviert und in einem nächsten Leben bei passender Gelegenheit wiederholt.

## Religion und Weltanschauung aus zweiter Hand

Zu den positiven Anbindungen gehört meist auch die grundlegende Weltanschauung, die ein Mensch in der Regel als einen direkten Ausdruck seiner Individualität versteht. Hier sind stark bindende, positiv erlebte Muster, die über viele Inkarnationen beibehalten werden, zuhause.

Eine 52-jährige Frau erinnert sich:

*„Ich sehe mich in dieser Inkarnation (die sie in einem Seminar aktiviert hat) als so etwas wie ein Mönch, es muss einige Jahrhunderte her sein. Ich weiß nicht genau wann und wo es ist, es könnte Nordafrika sein. Das Klima ist warm und trocken. Es gibt eine Reihe von anderen Menschen um mich herum, wir tragen weiße Kleidung, besser gesagt ein weißes Gewand und an den Füßen eine Sohle, die mit Schnüren gehalten wird.*

*Ich kann nicht sagen, wie ich heiße. Ich bin ein Mann, wobei mein Geschlecht keine Rolle spielt, wir sind alle Männer, es gibt keine Unterschiede zwischen uns. Ich fühle mich sehr, sehr aufgehoben, dieses Gefühl rührt mich an. Ich stelle keine Fragen, habe keine Probleme und keine Konflikte. Ich fühle mich als ein Teil des großen Ganzen. Ich weiß immer genau, was zu tun ist. Die Tage sind immer, so wie sie sind, alles ist gut und geregelt.*

*Als Kind war ich noch nicht in dieser Gemeinschaft, ich hatte eine Familie. Wir hatten ein Feld, ein paar Hühner und Ziegen. Ich war ein mittlerer Sohn einer ganzen Reihe von Geschwistern, das Leben bei uns war sehr einfach, es gab nicht viel, aber man hatte meist genug zum Überleben. Als ich älter wurde, gaben meine Eltern mich in die Gemeinschaft der Mönche, die 2 Stunden vom Hof entfernt ihren Sitz hatte. Mein Eintritt in die Gemeinschaft hatte keinen rein religiösen Grund, er bot meiner Familie die Möglichkeit, einem ihrer Kinder ein sicheres Auskommen zu gewähren und auch die Familie selbst in den Schutz des Klosters zu stellen.*

*Das Leben in der Gemeinschaft fiel mir zu Beginn nicht leicht, es wurde nur sehr wenig gesprochen, ich hatte niemanden, dem ich Fragen stellen oder mit dem ich Dinge bereden konnte. Das war ich nicht gewohnt. Meine Verunsicherung darüber wich jedoch recht schnell und machte dem Gefühl Platz, dass alles richtig ist.*

*Mich berührt die tiefe Spiritualität, die ich empfinde, wenn ich mir die Inkarnation vergegenwärtige. Ich bin dort mit allem einverstanden. Ich befand mich in einem Zustand der Harmonie mit anderen Menschen, mit Tieren, der Erde, den Sternen und allem, was mich umgab. Alles war in Ordnung, die Regeln, die Tätigkeiten, der Tagesablauf. Besondere Freude empfand ich bei Ritualen unter freiem Himmel, die wir von Zeit zu Zeit durchführten. Das waren große, erhabene Momente, die mich sehr eingenommen haben.*

*So eine Ruhe und solch ein Empfinden, wie ich es in dieser Inkarnation erlebte, suche ich hier und heute und finde sie nicht. Ich wusste immer, dass es sie gibt, und habe zeit meines Lebens eine Sehnsucht danach gespürt, ohne zu wissen, was genau es ist, das ich ersehne.*

*Schon immer war ich mit dem, was in dieser jetzigen, „materiellen" Welt wichtig und wertvoll ist, nicht einverstanden. Ich schloss mich unterschiedlichen religiösen Gemeinschaften an, da ich vermutete, hier zu finden, was ich suchte. Sie befriedigten mich jedoch nicht, gingen mir nicht tief, nicht weit genug. Ich hatte immer das Gefühl falsch zu sein, ja in der falschen Welt zu sein. Bisher konnte ich mir dieses Gefühl nicht erklären, aber langsam dämmert mir, dass die Ursache in der eben geschilderten Inkarnation zu finden ist und in den beeindruckenden Erfahrungen, die ich in ihr machen durfte."*

Auf den ersten Blick ist diese Schilderung nachhaltig und ergreifend. Es erschließt sich sofort: Diese Inkarnation verlangt nach Wiederholung und die Erfahrung nach Dauerhaftigkeit. Doch warum eigentlich? Ist dieses starke von Glauben und religiösen Gefühlen geprägte Empfinden aus der Inkarnation wirklicher, echter und wertvoller als andere Erlebensweisen?

Oder kann es sein, dass hier ganz besondere und wahrscheinlich magisch aufgeladene Momente dazu beitragen, dass die Erfahrungen mystifiziert und glorifiziert werden? Ist es nicht viel wahrscheinlicher, dass durch die absolute Wahrheit, die fast jede religiöse Gemeinschaft und Weltanschauung für sich beansprucht, eine enorme Bindung entsteht, die denjenigen, der sich einmal in sie begeben hat, nur schwerlich loslässt?

Fakt ist, diese Erfahrungen bestimmen das Leben dieser Frau bis heute, und zwar so nachhaltig, dass sie ihr jetziges Leben, ihren jetzigen Erfahrungshorizont als weniger wertvoll und bedeutsam erachtet. Sie ist an die Religiosität längst vergangener Tage gebunden, ob sie möchte oder nicht und erlebt diese Bindung als unumstößlich.

Wenn für negative Inkarnationserlebnisse gilt: Die starke Ablehnung bewirkt eine Konzentration von Aufmerksamkeit und Energie und so eine „Konservierung", eine Anbindung an den Zustand, der abgelehnt wird, so gilt bei positiv bindenden Erfahrungen: Die starke Bejahung bewirkt eine Konzentration von Aufmerksamkeit und Energie, und so eine „Konservierung", eine Anbindung an den Zustand, der bejaht wird.

Das Beispiel eines 57 Jahre alten Mannes:

*„Ich gehöre zur Generation der 1968er. Politisch aktiv zu sein war für mich immer eine Selbstverständlichkeit. Eine besondere Nähe empfand ich von Beginn meiner politischen Tätigkeit an zu radikalen Gruppierungen, die*

*sich jenseits des politischen Establishments organisierten.*

*Ich war wie selbstverständlich davon überzeugt:*

*Dieser Staat ist schlecht, dieser Staat ist ungerecht, er unterdrückt die in ihm lebenden Menschen und muss bekämpft werden. Ich war ebenfalls der Ansicht, dafür seien Mittel und Wege außerhalb des legalen Rahmens durchaus legitim. Ich stellte diese Anschauung nie in Frage, sie war für mich vollkommen natürlich und selbstverständlich.*

*Heute, nachdem ich einige meiner Inkarnationen kennengelernt habe und vor allem Zugang zur Inkarnation vor meinem jetzigen Leben erhielt, weiß ich, warum eine grundsätzliche Radikalopposition für mich eine Selbstverständlichkeit war.*

*In meiner letzten Inkarnation lebte ich in Berlin Anfang des letzten Jahrhunderts. Ich wuchs in einem sehr konservativen und wohlhabenden Haushalt auf, mein Vater war Rechtsanwalt, meine Mutter hatte eine Haushälterin zur Seite. Ich war das einzige Kind meiner Eltern. Der Alltag bei uns zuhause war grau, trist und großbürgerlich. In unserer Nachbarschaft wohnte eine jüdische Kaufmannsfamilie mit fünf Kindern. Da ich Einzelkind war, zogen mich vor allem die Kinder an. Mich verband eine enge Freundschaft mit zwei Jungen der Familie.*

*Ich erlebte die Machtergreifung der Nationalsozialisten ebenso wie den Beginn der Judenverfolgung durch den Alltag in Berlin und die Familie meiner Freunde hautnah mit. Der Vater meiner Freunde hatte die Gefahr rechtzeitig erkannt und richtig eingeschätzt. Er konnte mit seinen Kindern Deutschland verlassen, da die Familie die nötigen finanziellen Mittel für diesen Schritt besaß. Für andere gab es diese Möglichkeit bekanntermaßen nicht. Ich wurde Zeuge von Deportationen, der Zerstörung von jüdischen Geschäften und dem Abtransport von mir bekannten Menschen unseres Stadtteils.*

*Die Atmosphäre in der Stadt wurde für mein Empfinden immer düsterer. Ich empfand die Ereignisse als zutiefst falsch und ungerecht. Ich fühlte mich und Menschen, die ich mochte, durch die Präsenz der Nazis bedroht.*

*In unserem Hinterhof wohnte der Hausmeister mit seiner Familie. Zu ihm hatte ich mich schon immer hingezogen gefühlt, da er Verständnis für uns Kinder zeigte. Mit ihm begann ich als Jugendlicher über meinen Unmut gegenüber dem Nationalsozialismus zu sprechen, ich wusste ihn auf meiner Seite.*

*Mit meinen Eltern war das nicht möglich, obwohl auch sie keine Anhänger der Partei waren.*

*Meine Beziehung zu dem Hausmeister intensivierte sich, je mehr die Nazis*

*Angst und Schrecken in der Stadt verbreiteten.*

*Irgendwann geschah es dann. Ich war bereits als Student an der Berliner Universität eingeschrieben. Ein Freund des Hausmeisters geriet in das Fadenkreuz der SS. Man warf ihm kommunistisches Gedankengut und Mitgliedschaft in der KPD vor. Er musste von heute auf morgen verschwinden, denn ihm drohte die Deportation. Wohin genau deportiert wurde, das wussten wir damals noch nicht. Ich konnte helfen, ich war ein unbeschriebenes Blatt für die Nationalsozialisten. Ich war nie auffällig geworden, jedoch mit guten Kontakten zu Leuten ausgestattet, die freiheitlich dachten, genügend Geld hatten und einen Unterschlupf im Elsass organisieren konnten. So begann langsam und in kleinen Schritten der Aufbau eines Netzwerks für Menschen, die von Deportation bedroht waren.*

*Wenn ich mir heute die Erlebnisse aus dieser Inkarnation vergegenwärtige, kann ich gut verstehen, warum mir Organisationen und Strukturen jenseits der gesellschaftlichen Norm so vertraut sind und auch warum ich meine, man brauche sie unbedingt. Diese Ansicht hat mit meinen heutigen Lebensbedingungen eigentlich nichts zu tun, in meiner letzten Inkarnation gehörte sie jedoch zu einer bitteren Lebensrealität."*

## Aachen ist eine Reise wert

Ein Bereich, in dem vergangene Leben großen Einfluss auf uns haben, ist das Verhältnis zu Städten, Orten und Ländern. Haben Sie schon einmal darüber nachgedacht, warum Ihnen bestimmte Orte suspekt sind und Sie sich wiederum von anderen wie magisch angezogen fühlen? Auch hier steuern Inkarnationserfahrungen aus dem Hintergrund unsere Vorlieben, ohne dass wir es merken. Besonders spektakulär sind diese Erfahrungen meist, wenn ein Betroffener plötzlich an einen Ort zurückkehrt, an dem er schon einmal in einem früheren Leben gewesen ist und ihn die Erinnerungen plötzlich treffen. Von so einem Fall handelt unser nächstes Beispiel.

Eine Frau, 37 Jahre alt:

*„Obwohl ich schon lange in Nordrhein-Westfalen lebte, war ich noch nie in Aachen. Mir war diese Tatsache bisher nicht besonders aufgefallen. Und das, obwohl diese Stadt sehr berühmt ist und viel Kultur zu bieten hat. Es war mir nie in den Sinn gekommen, Aachen zu besuchen. Eine Freundin aus dem Ausland brachte mich schließlich darauf, Aachen zu erkunden, weil sie so viel darüber gehört und gelesen hatte.*

*Ob ich schon einmal da gewesen sei… Nein? Komisch…*

*Als ich mit der Freundin an einem Wochenende die Gegend besuchte, landeten wir auch in Aachen. Wir durchliefen die Straßen, schauten uns dies an und jenes – um plötzlich und unverhofft auf dem Marktplatz zu landen. Wie vom Donner gerührt blieb ich stehen: Hier war ich schon mal gewesen, das wusste ich sofort. Und zwar genau da am Hauptbrunnen hatte ich oft und lange gesessen. Aus beruflichen Gründen, das wusste ich mit der gleichen körperlichen Klarheit.*

*Meine Freundin und ich besuchten an diesem Tag ein Museum, in dem einige Insignien Karls des Großen, der hier geherrscht hatte, ausgestellt waren. Allein diese Räume zu betreten, war für mich etwas Besonderes: Als dürfte ich jetzt etwas tun, wonach ich mich immer gesehnt hatte und was mir früher verwehrt gewesen war. Die Insignien jagten mir einen Schauer über den Rücken. Doch bei aller Neugierde, die geweckt war, gefiel mir der Aufenthalt nicht besonders. Ich bin es eigentlich gewohnt, zu vielen Dingen Zutritt zu haben und kein Mensch (so mein Selbstbild), der von Ehrfurcht den Herrschenden gegenüber besetzt ist. Aber das Gefühl, an einem Ort zu sein, an dem ich eigentlich nicht sein durfte, beunruhigte mich und verdarb den Kunstgenuss.*

*Ich wollte die Reise nach Aachen nicht auf mir sitzen lassen, ich wollte sie verstehen! Und das war Anlass dafür, Rückführungen zu machen und mir diese Inkarnation „zur Brust zu nehmen". Nach und nach bekam ich Zugang zu ihren verschiedenen Lebensphasen und Lebensbereichen.*

*Es stellte sich heraus, dass ich in dieser Inkarnation als Mädchen in ärmlichen Verhältnisse in Ungarn aufgewachsen war. Mit ungefähr 14 Jahren trieben mich die Langeweile, meine Neugierde und die Abenteuerlust dazu, mich einer vorbeireisenden Schaustellergruppe anzuschließen. Ich hatte damals eine sehr innige Beziehung zu meiner jüngeren Schwester, und es sollte immer ein Gefühl der Traurigkeit und des schlechten Gewissens bleiben, sie „im Stich gelassen" zu haben.*

*Nach einer langen Zeit des Herumziehens durch verschiedene Länder und Landstriche – es waren wohl mehrere Jahre – verließ ich die Gauklertruppe und beschloss in die Nähe von Aachen zu gehen. Hier arbeitete ich schließlich als Hure und stand zusammen mit anderen Huren am Eingang der Stadtmauer.*

*Ich war damals eine sehr schöne Frau, die Männer wurden angezogen von meinem slawischen Aussehen und meiner Vitalität. Gleichzeitig stand ich auf Grund meines Berufes und meiner Herkunft natürlich ganz am Rand des sozialen Geschehens und der Alltag war durch und durch ärmlich. Es kam irgendwann so, dass ein Freier (er war ein „Herr“ aus dem Stadtrat) für mich einen eigenen Raum innerhalb der Stadtmauer anmietete, in dem ich wohnen konnte und mir auch ein kleines, regelmäßiges Geld bezahlte.*

*Als Gegenleistung hatte ich für ihn da zu sein, falls er meine Dienste annehmen wollte. Schließlich wurde mir auch das zu eng, obwohl es eigentlich ein - für damalige Verhältnisse - sehr komfortables Arrangement war. Ich schlich mich immer öfter davon, um am Stadtbrunnen zu sitzen und auf wohlhabende Freier zu warten. So viel zu einigen Inhalten der Inkarnation, die für mich zugänglich wurden.*

*Zunächst war es spannend, diese Dinge in Erfahrung zu bringen. Mit der Zeit wurde es ehrlich gesagt auch schockierend, feststellen zu müssen, wie viele Bereiche meines jetzigen Lebens durch die Ereignisse dieser Inkarnation bestimmt wurden!*

*Angefangen von einer jetzigen, unbewussten Sehnsucht nach einer Schönheit, die ich damals gehabt habe. Mein heutiges Aussehen, was ganz normal und durchaus gut ist, macht mir immer wieder Probleme. Ich finde mich nicht schön genug! Dann mein Faible für einen bestimmten Kleidungsstil, der etwas mit meinem Aussehen und Auftreten in dieser Inkarnation zu tun hatte und wenig mit der Jetztzeit. Und vor allem, dass mein heutiger Beruf mir, bei größtmöglicher finanzieller und beruflicher Absicherung, ein Dienstverhältnis abverlangt, welches sich bis in die Freizeit hineinzieht. Im heutigen Leben bin ich allerdings „auf der anderen Seite“, in einem staatlichen Anstellungsverhältnis (was mir damals unglaublich erstrebenswert erschien).*

*Zuletzt konnte ich in der damaligen Inkarnation den Grund für meine Liebe zum Reisen wiederfinden. Ich kenne mein Leben lang Fernweh, habe den Wunsch wegzukommen. Gehe ich dem Wunsch nach – was ich in meiner Jugend ausführlich getan habe - überfällt mich das unerklärliche Gefühl, andere dadurch im Stich zu lassen. Ja, auch hier spielt die Inkarnation eine große Rolle...*

*Ich habe mir nicht gewünscht, die Erfahrung zu machen und diese Erlebnisse zu erinnern. Ich glaube, unbewusst war das der Grund, warum ich Aachen gemieden haben. Das Aufschreiben meiner Erfahrungen macht mir jedoch bewusst, wie viel Ballast ich durch die Arbeit an dieser Inkarnation losgeworden bin.*

*Eigentlich könnte ich jetzt nochmal nach Aachen fahren – einfach so!“*

Liest man diese Schilderungen mit den Augen eines sensationsverwöhnten Reinkarnationsinteressenten, dann scheint es schon fast unmoralisch, dass die betroffene Frau das Beamtenverhältnis, in dem sie sich heute befindet, mit dem Dienst als Hure bei einem einzigen Freier vergleicht. Sie erzählt nichts von Sex und Crime. Dieses Erstaunen packt einen immer wieder, wenn man die tatsächlichen Erinnerungen aus Inkarnationen hört.

Es ist nicht so, wie uns Glauben gemacht wird.

Eine Hure zu sein, ist beileibe nichts Besonderes. Es ist eine Tätigkeit, die sehr vielen Frauen im Laufe der letzten Jahrtausende den Lebensunterhalt gewährleistet hat. Die Tätigkeit muss nicht mit spektakulären Erinnerungen, lüsterne oder traumatische Anbindungen verbunden sein.

Hure zu sein, war für diese Frau ein Broterwerb ohne Moral und besondere Momente. Andere Aspekte und Erfahrungen prägen die Inkarnation und hinterlassen Spuren. Die Sicherheit bei gleichzeitiger voller Abhängigkeit vom vermögenden Freier, die ein großes Privileg mit sich brachte: ein festes Dach über dem Kopf und immer etwas zu Essen. Eine für die damalige Zeit unübliche Erfahrung, die heute den Hintergrund einer festen Anstellung beim Staat, mit all ihren Freuden (Sicherheit) und Zwängen (Langeweile) darstellt.

Die Sehnsucht nach der Schwester, das schlechte Gewissen sie verlassen zu haben, ein Gefühl, welches die Frau bis heute verfolgt, ohne bisher genau sagen zu können, woher es kommt. Und ihre ungewöhnliche Schönheit, an die sie bis heute gebunden ist, da sie ihr im damaligen Leben so vieles möglich machte.

Dies sind die wichtigen Dinge dieser Inkarnation, keine Sensationen, nicht die Prostitution oder der eine oder andere Skandal. Ein ganz normales Leben also, ein Leben anhand dessen man begreifen kann, wie Menschen sind und funktionieren, was sie bewegt, was in ihrem Leben wichtig ist und was es in seine Bahnen bringt.

Begibt man sich nachhaltig und dauerhaft in die Auseinandersetzung mit Inkarnationserinnerungen, wird immer klarer, dass es keinen Lebensbereich gibt, der nicht von Inkarnationen beeinflusst wird:

die Ernährung

das Verhältnis zu Nahrung

die Sprechweise

die Struktur von Beziehungen

die soziale Position

die Kleidung

die Wahl der Schuhe

da Verhältnis zu Geld

die politische und religiöse Ausrichtung

die Berufswahl

der Umgang mit Bildung, Büchern

die Wahl des Musikinstrumentes, welches gespielt wird,

und ...

... ist von Inkarnationen mit- und oftmals sogar ganz bestimmt. In der Regel, ohne dass es bewusst wahrgenommen wird und der Betroffene etwas davon weiß.

Inkarnationen bieten in allen Lebensbereichen Identifikationsmuster, Muster, an denen ein Mensch sich festhalten kann. Muster, die dem Leben eine Struktur geben, weil sie sich bewährt haben, weil man/frau sie kennt oder einfach, weil sie da sind und mensch sich nicht auf etwas Neues einlassen muss.

Dabei spielt es keine Rolle, ob die prägenden Ereignisse negativer oder positiver Natur sind, ob negative oder positive Erfahrungen zur Bildung eines Inkarnationsmusters geführt haben. Es ist nur bedingt vorhersehbar, welche Ereignisse in einem Leben zu einem prägenden Muster werden. Die Erfahrung zeigt, dies ist so individuell und vielfältig wie Menschen eben sind.

Das einfache Beispiel Kleidung soll im Folgenden als Beleg dieser These dienen.

## Modern und zeitgemäß gekleidet? Von wegen: alles alte Hüte!

In einer unserer Abendgruppen zum Thema: „Inkarnationen verstehen und erleben" machten wir mit den Teilnehmer/innen ein Experiment.

Wir fragten sie nach ihren Kleidungsgewohnheiten, ließen sie überlegen, welches ihr ganz individueller Kleidungsstil ist.

Dann forderten wir sie auf, dorthin zu gehen, wo ihr jetziger Kleidungsstil entwickelt wurde.

Die Verblüffung war enorm! Nicht ein einziger Teilnehmer hatte seinen Kleidungsstil im jetzigen Leben kreiert!

Der Kleidungsstil stammte durchweg aus Inkarnationen und war bei zwei Teilnehmern sogar über tausend Jahre alt! Natürlich gab es damals andere Kleidungsstücke, andere Materialien und Stoffe, doch der prinzipielle Stil hatte die Zeiten und Moden überdauert.

Eine Frau erzählt:

*„Über meinen Kleidungsstil habe ich mir schon oft Gedanken gemacht und bin nie dahintergekommen, wie er eigentlich zustande kommt. Ich habe mich darüber gewundert, dass ich stets und überall dicke, warme Jacken und selbst im Sommer feste Schuhe trage.*

*Vor Jahren unternahm ich den Versuch mich vornehmer und leichter zu kleiden, kaufte mir Kostüme, Blusen und feine Schuhe. Die Kleidungsstücke habe ich höchstens zwei Mal getragen, den Rest der Zeit verbringen sie im Schrank. Auch wenn ich mich noch so sehr bemühe, ich komme immer wieder zu dicken Jacken, festen Hosen und festen Schuhen zurück.*

*Und gerade eben habe ich verstanden, warum das so ist! Mein jetziger Kleidungsstil kommt aus einer Inkarnation, die in Kanada vor ca. 200 Jahren angesiedelt ist. Ich sehe mich in einer Holzhütte sitzend, die Hände an einem offenen Feuer wärmend, in Fell und Wolle gekleidet, mit groben Stiefeln an den Füßen. Das Oberteil meiner Kleidung hat einen hohen Rand, so dass es den Hals warmhält, das Fell meiner Jacke liegt innen und das Leder außen. (Wie oft habe ich heutzutage schon gedacht: meine Güte, sind die denn ganz bekloppt, tragen das Fell ihrer Fellmäntel außen, wo es doch gar nicht richtig wärmt!) Auch im Schlaf ziehe ich diese Kleidung nicht aus, sie gehört zu mir, wie meine Nase!*

*Hätte ich die Kleidung damals nicht gehabt, wäre ich erfroren!"*

Ein 62-jähriger Mann berichtet:

*„Meine Kleidung zeichnet sich dadurch aus, dass sie immer sehr korrekt und hochwertig ist. Das ist mein Stil.*

*Ich habe nie Dreck an den Schuhen, meine Hemden sind immer ordentlich gebügelt, Flecken auf der Kleidung gibt es bei mir nicht, ebenso wenig wie billige Stoffe. Ich habe kürzlich versucht mir eine Hose in einem Discounter zu kaufen. Die Hose sah eigentlich vollkommen in Ordnung aus, kostete jedoch nur 20€. Ich war ehrlich gewillt, diese Hose zu erwerben, aber es ging nicht. Ich brachte es nicht über mich, ließ sie liegen und ging - wie immer - in eine Boutique für Herrenbekleidung und erstand dort eine Markenhose.*

*Gehe ich zurück an den Ursprung dieses Kleidungsstils, finde ich mich vor gut 2000 Jahren als römischer Repräsentant/Senator wieder, für den Kleidung mit Status, Macht und Ansehen verbunden ist. Dieser Mann hätte sich eine unordentliche oder minderwertige Kleidung nicht erlauben können. Die Art der Kleidung stützte ihn nicht nur in seinem Amt, sie war ein Teil des Amtes, das er - wie es so schön heißt - „bekleidete". Er war vollkommen mit seinem Amt identifiziert, er füllte es mit Haut und Haar aus. Die*

*Kleidung ist darüber zu einem nicht wegzudenkenden Teil seiner/meiner Persönlichkeit geworden."*

Und noch ein aufschlussreicher Bericht einer Frau:

*„Ich finde mich bei dieser Fragestellung in einer sehr interessanten Inkarnation wieder.*

*Ich lebe in Italien, in der Nähe des Meeres, es könnte Ligurien sein. Den Zeitraum vermag ich gerade nicht genau auszumachen. Ich arbeite am Meer. Meine Arbeit besteht darin, Fische auszunehmen, die andere gefangen haben, Netze zu reparieren und Hilfstätigkeiten zu verrichten, die im Hafen anfallen. Um mich herum arbeiten nur Männer, doch ich bin eine Frau! Um diese Arbeit machen zu können, kleide ich mich als Mann!*

*Da ich einen recht knabenhaften Körperbau habe, ist es nicht sehr schwer. Meine Haare sind kurz geschnitten, ich trage weite, feste Kleidung, die meine nicht sehr große Brust kaschiert und habe mir einen breiten Gang angewöhnt. Niemand im Hafen weiß, wer ich wirklich bin.*

*Ich wohne, etliche Kilometer entfernt, in einem Gehöft auf der anderen Seite eines Berges. Jedes mal wenn ich zum Hafen gehe, verkleide ich mich als Mann. Zu Hause bin ich nicht verkleidet, dort trage ich auch mal einen Kittel. Auf dem Gehöft wohne ich mit meiner Mutter und meinem Vater zusammen. Ich bin ihr einziges Kind. Beide sind nicht mehr jung, der Ertrag des Gehöftes ist nicht sehr groß und ich sorge mit meiner Arbeit im Hafen für die Familie.*

*Ich bringe immer frischen Fisch mit nach Hause, der uns gut ernährt. Manchmal gibt es sogar etwas Geld, für welches ich Lebensmittel, die wir nicht anbauen können, im Dorf kaufe.*

*Meine Kleidung ist in dieser Inkarnation etwas ganz Existenzielles. Ich muss mich als Mann verkleiden, um meine Familie ernähren zu können. Die Verkleidung muss sehr gut sein, ist sie es nicht, fliege ich auf und bin zumindest meine Arbeit los, wenn nicht noch ganz andere Dinge geschehen. Das kann ich mir nicht erlauben.*

*Das Unglaubliche ist jedoch, dass ich diese Kleidungsangewohnheit bis heute beibehalten habe! Noch heute ist es so, dass ich am liebsten feste Pullover, Jacken und männliche Kleidung trage, vor allen Dingen, wenn ich mich in der Öffentlichkeit bewege. Mit anderer Kleidung fühle ich mich unsicher.*

*Kürzlich habe ich mir einen Überblick über den Inhalt meines Kleiderschranks verschafft und festgestellt, dass alles gleich aussieht. Grobe feste Stoffe, hochgeschlossene Pullover und Jacken in bedeckten Farben prägen das Bild. Beim Einkaufen greife ich manchmal zu einer weiblicheren Kleidung, komme aber nicht mal dazu, diese überzuziehen, sondern hänge sie schon vorher wieder weg.*

*Es gibt nur ganz wenige Situationen, in denen ich ein Kleid anziehen kann! Es geht immer nur dann, wenn ich mich sicher fühle. Beispielsweise kann ich ein Kleid tragen, wenn ich mit meinem Mann im Urlaub bin oder auch ab und an, wenn ich zu Hause bin, mich nur im Garten oder auf der Terrasse bewege. Bisher habe ich das zwar zu Kenntnis genommen, wusste aber nicht um die Hintergründe meines Verhaltens.*

*Die Parallelen zwischen meinem jetzigen Kleidungsverhalten und der beschriebenen Inkarnation sind frappierend! Ich bin froh endlich zu wissen, warum es mir so schwerfällt, mich weiblich zu kleiden. Manchmal wäre es nämlich durchaus schön und angemessen, in der Öffentlichkeit eine Bluse oder ein Kleid zu tragen."*

Und da soll noch mal einer sagen, dass wir uns modern und zeitgemäß kleiden. Bestenfalls passen wir unseren Kleidungsstil, so gut es geht, den gerade vorherrschenden Moden und Trends an!

Die Inkarnation, die diesen Lebensbereich grundlegend prägt, ist immer eine Inkarnation, in der die Kleidung eine zentrale Rolle für das Überleben, den Status oder das Ansehen gespielt hat. Es ist alles andere als beliebig, welche Inkarnation hier ausschlaggebend ist. Im Gegenteil, oft geht diese Inkarnation sogar mit dem Empfinden einher, ohne die Kleidung „nichts" zu sein, bedroht zu sein, nicht existieren zu können.

Die Aussage: „Kleider machen Leute", die in gewisser Weise ja immer richtig ist, trifft hier in besonderem Maße zu. Besonders deutlich wird dies in einem letzten Beispiel.

Ein vierzigjähriger Mann berichtet:

*„Bei der Frage nach der Inkarnation, die meinen Kleidungsstil (vorwiegend sehr robuste, etwas unförmige Outdoorkleidung) geprägt hat, lande ich in einer Inkarnation vor ca. 400 Jahren. Ich gehöre zu einem Orden/Kloster in einer gebirgigen Gegend, wahrscheinlich im Himalaya.*

*Meine Aufgabe ist, als Posten auf einem Berg zu stehen. Ich bin weithin sichtbar, offiziell heißt es, ich diene dazu, aufzupassen, wer sich dem Kloster nähert und Bescheid zu geben, wenn eine Gefahr droht, was jedoch faktisch nicht geschieht.*

*Mir ist klar, dass dieser Posten dazu dient, die Macht des Klosters zu zeigen. Den Menschen im Tal soll das Kloster mit Hilfe dieses Postens/Sym-*

*bols allgegenwärtig und über allen Dingen stehend erscheinen, oben auf dem Berg, in der Nähe zu Gott und gleichzeitig über den Späher (mich) alles mitbekommend, was unten im Tal vor sich geht.*

*Ich bin ein lebendiges Mahnmal. Ich verlasse meinen Posten nicht, bekomme Essen aus dem Kloster gebracht.*

*Ich bin durch meine überdurchschnittliche Größe für diese Aufgabe prädestiniert. Ich trage eine sehr warme Kutte, denn das Wetter ist rau in dieser Gegend. Die Kutte zeichnet mich als einen Bestandteil des Klosters aus, sie ist weit gehalten, damit sie im Wind weht und so besser von Weitem zu sehen ist.*

*Als ich in ein Alter komme, in dem es mir immer schwerer wird, meinen Posten einzunehmen, werde ich kurzerhand von den Mönchen des Ordens über die Klippe gestoßen. In diesem Moment erwache ich wie aus einer langen, tiefen Trance. Noch bevor ich ganz realisieren kann, was eigentlich geschieht, ist mein Leben schon vorüber. Es gab keine weitere Verwendung für mich.*

*Heute wird mir klar: Als Mensch interessierte ich eigentlich gar nicht - nichts und niemanden. Es gab mich im Grunde genommen nicht. Ich war einfach dieser Posten, diese Funktion, so kann man sagen. Eigentlich hätte auch nur diese Kutte dort stehen können, doch mit einer echten, lebenden Gestalt erfüllte der Posten seine Funktion noch besser, als es ein toter Gegenstand vermocht hätte.*

*Die Kleidung, die gefütterte Kutte hat mir damals meine Bedeutung gegeben."*

Selbst in dem Bereich Kleidung, welche zumindest unserem Empfinden nach stark der Mode, sprich Einflüssen des aktuellen Geschehens und der Zeitströmung, unterworfen ist, finden wir zahlreiche Anbindungen an vergangene Leben! Auch wenn diese Kleidungsstile auf zeitgemäße Art und mit den heutigen Möglichkeiten ausgeformt werden, täuscht dies nicht über die Tatsache hinweg, dass der Mensch nicht die Freiheit besitzt, seine Kleidung willentlich und selbstbestimmt zu kreieren. Jeder meint zwar, er täte dies, diese Behauptung hält aber einer näheren Betrachtung einfach nicht Stand.

## Resümee:

Stellt man sich die Frage, wo der Mensch selbst, das „Ich" ist und bleibt, ist man im Kern der Auseinandersetzung mit Inkarnationen angelangt.

Systematische Inkarnationsarbeit ist die Auseinandersetzung mit und die Lösung von Strukturen und Mustern, die jetzt und heute prägen, trotzdem sie nicht zum Jetzt und Heute gehören. Inkarnationsarbeit dient dazu, das Ich wiederzubekommen, welches in den Anbindungen an Ereignisse aus längst vergangenen Tagen verloren gegangen ist.

Im Gegensatz zu den meisten Theorien über Reinkarnation, die besagen, die Seele reife mit zunehmender Reinkarnationserfahrung, müssen wir klar und eindeutig feststellen, die Seele, das Ich eines Menschen nimmt ab, je mehr Inkarnationsanbindungen ihn belasten und ummanteln.

Je mehr Inkarnationen/Anbindungen an vergangene Leben, desto weniger Ich. Denn die Inkarnationsereignisse hinterlassen keine – wie allgemein angenommen wird – positive Lernerfahrung. Ein Mensch lernt nicht aus den Erlebnissen einer Inkarnation, er konserviert die Erfahrung lediglich und wiederholt sie. Aus Inkarnationserfahrungen kann man dann lernen, wenn man sie bewusst zur Kenntnis nimmt, sich ihnen bei klarem Verstand annähert und die Anbindungen an sie löst.

Das, was in erster Linie aus Inkarnationen zu lernen wäre, ist:

So ist es jetzt nicht.

Das ist erinnerte Vergangenheit.

Das bin ich jetzt nicht.

# ABC: Karmalehre
[ka:ʁma:le:ʀə]

Im Zusammenhang mit Reinkarnation wird immer wieder von Karma gesprochen. Mit dem Wort „Karma“ bezeichnet man im Kern ein metaphysisches Gesetz von Ursache und Wirkung. Man kann - so wird gesagt - gutes wie auch schlechtes Karma anhäufen.

„Gutes“ Karma bedeutet, man sorgt durch seine Taten für „gute“ und erwünschte Folgen.

„Schlechtes“ Karma bedeutet unerwünschte Folgen und damit ein schwieriges Leben, mit vielen Unannehmlichkeiten. Letztendlich soll das Ziel sein, kein Karma mehr anzuhäufen.

Es gibt nur eine scheinbare Klarheit über den Karmabegriff. Besteht er doch aus den unterschiedlichsten Aussagen und Behauptungen über den Ursprung, Sinn und Zweck der Karmalehre.

Für die einen wird das metaphysische Gesetz aus dem physikalischen Gesetz analog abgeleitet, für andere ist es der göttliche Wille, der zur göttlichen Liebe hinführen soll.

Wir sehen die Karmalehre kritisch.

Der Karmabegriff ist in allen Variationen eine theoretisch / moralische Größe zur Verhaltenssteuerung.

Begibt man sich in die Praxis der Inkarnationsarbeit, findet man die in der Karmalehre angenommenen und postulierten Inhalte nicht wieder. In der Realität von Rückführungen zeigt sich, dass es die angenommenen Taten für „schlechtes“ oder „gutes“ Karma nicht gibt. Ebenfalls findet man keine Abfolge von „leidvollen“ Inkarnationen auf „böse“.

Es zeigt sich im Konkreten auch kein von Gott bestimmtes Schicksal, sondern vielmehr, dass die Abfolge von Inkarnationen vom Individuum nach eigenen und selbst bestimmten Kriterien gesteuert wird.

Die Karmalehre ist unserer Ansicht und Erkenntnis nach ein theoretisch - religiöses Konstrukt, ohne realen Hintergrund, ähnlich dem Glauben an Himmel, Fegefeuer und Hölle.

# Das wirklich wahre Leben

## Feldherren, Piraten und Literaten erzählen

Vor kurzem las ich in einem Buch über Reinkarnationstherapie die eindeutige Warnung, die ich sinngemäß wiedergebe: „Sollten Sie in einer Rückführung auf die Erlebnisse einer berühmten Persönlichkeit stoßen, seien Sie vorsichtig. Trauen sie diesen Erinnerungen nicht, denn sehr wahrscheinlich entsprechen sie eher Ihrer Phantasie und dem, was Sie aus früheren Zeiten gelesen oder gehört haben, als einer echten Inkarnationserfahrung."

Allen Warnungen zum Trotz werde ich jetzt genau dies tun, denn in unserer mehr als 30-jährigen Reinkarnationstherapiepraxis ist nun mal die eine und andere Berühmtheit im Seminarraum erschienen. Was Schilderungen aus diesen Leben besonders glaubhaft macht, ist die Tatsache, dass sie sich meist fundamental von denen der Geschichtsbücher und Historienfilme unterscheiden. Sie handeln vom wirklich wahren, erlebten und erinnerten Leben, nicht von Überhöhungen, Idealisierung, Götzen oder Geschichtsverfälschung.

Genau darin liegt der Grund, warum wir diesen Schilderungen hier einen besonderen Platz einräumen. Uns interessieren historische Persönlichkeiten an sich nicht. Es sind für uns Menschen, die - aus welchem Grund auch immer - den Sprung aus der Anonymität ins historische Menschengedächtnis geschafft haben. Ihnen haftet in der Regel nichts Außergewöhnliches an, wir möchten sie weder glorifizieren noch verteufeln.

Wir stellen dar, wie menschlich berühmte Leben sind. Wie menschlich und unspektakulär die Entscheidungen sind, die aus einem normalen Leben ein berühmtes machen, wie zufällig manches Mal Politik und Veränderungen von historischer Tragweite zu Stande kommen und wie wenig man sich letztendlich für ein berühmtes Leben „kaufen" kann, wie der Volksmund so schön sagt.

Wir haben die Erfahrung gemacht, dass in jeder konsequenten und nachhaltigen Inkarnationsarbeit, sprich, in einer Arbeit, in der systematisch alle Inkarnationen erinnert und gelöst werden, immer auch bekannte Personen zu Tage kommen können. Warum auch nicht? Wir fürchten uns nicht vor diesen Erinnerungen. Wenn sie auftauchen, stellen wir uns ihnen wie jeder anderen Inkarnation auch.

Wir erleben es immer wieder, dass Interessenten an dieser Arbeit vor allem wissen möchten, ob sie schon mal jemand „Berühmtes" waren.

Als meinem Mann dieses Bedürfnis eines Tages zu bunt wurde, ließ er die Teilnehmer eines Seminars die Erinnerung an ein vergangenes Leben aktivieren, in dem sie „eine berühmte Persönlichkeit" (so die Vorgabe) waren.

Bei einem Teil der Seminarteilnehmer/innen klappte es. Anfänglich waren sie glücklich, diese Erfahrung machen zu dürfen. Gräfinnen, Päpste, Maler, Poeten standen auf einmal im Raum herum. Das Bedürfnis bedeutend zu sein, auch wenn dieses Sein sich in der Vergangenheit abspielte und heute eigentlich keine Relevanz mehr besitzt, wurde genährt und bei dem einen oder anderen vielleicht sogar gestillt.

Das gute Gefühl ließ jedoch nach, je mehr jeder Einzelne sich den konkreten Erinnerungen und Erlebnissen aus diesem Leben stellte. Denn die Hoffnungen an die Inkarnationen erfüllten sich nicht. In diesen Leben war nichts Erhabenes, nichts Glamouröses und eigentlich auch gar nichts Besonderes feststellbar. Es war von Arbeit, Pflichten, Schweiß, kleinen Freuden, Irrtümern, Konflikten und, und, und geprägt – genau wie jedes andere Leben auch. Die Auseinandersetzung mit diesen Berühmtheiten barg keine Erleichterung, ihre Anbindungen waren ebenso hinderlich und mussten genauso gelöst werden, wie die Anbindungen an ein sogenanntes „normales" Leben.

Wir halten nichts davon, wenn Erinnernde damit prahlen, der berühmt - berüchtigte vorletzte Kaiser von China gewesen zu sein. Jemand, der seinem Bedürfnis nach Wichtigkeit und Geltung auf diesem Wege nachkommen will, der Erinnerungen an vergangene Leben nutzt, um sich heute auf jemanden zu beziehen, der er jetzt nicht ist und sich so aufzuwerten, hat unseres Erachtens die Inkarnationsarbeit gründlich missverstanden.

Die Überreste jeder vergangenen Inkarnation - sei sie „berühmt" oder „normal" - verzerren den jetzigen Menschen. Sie halten ihn fest, bringen Verhaltensweisen mit sich, die hier und heute nichts zu suchen haben.

Selbst wenn ich der vorletzte Kaiser von China war - ich bin es heute nicht, ich habe heute weder seinen Reichtum noch seinen Einfluss noch seine Schönheit, Klugheit, sein Leid oder was auch immer. Ich kann dies nur wähnen und von diesem Wahn sollte ich mich schnellstens lösen, um unter den jetzigen Lebensbedingungen der Mensch zu sein, der ich heute bin. Frei von hinderlichen Anbindungen, Determinationen und den glücklichen oder unglücklichen Umständen vergangener Jahrhunderte.

Das ist eine ernsthafte Reinkarnationstherapie. Das ist Inkarnationsarbeit.

Wer das Bedürfnis hat, „etwas zu sein", sollte sich heute auf den Weg machen und etwas auf die Beine stellen, anstatt sich auf vergangenen (Un)Taten auszuruhen.

## Aus dem Leben des Lord Nelson

Bericht von Wilfried Teschler aus einem Seminar:

*„Lord Nelson ist ein recht bekannter Admiral des 18. Jahrhunderts.*

*Mit 9 Jahren starb seine Mutter.*

*Mit 12 Jahren heuerte er bei der Marine an und: Er war seekrank (das war nicht nur ein Ergebnis dieser Rückführung, sondern es ist geschichtlich belegt).*

*Wenn man seine Lebensgeschichte liest, stellt man fest, dass er die längste Zeit seines Lebens auf einem Schiff verbracht hat.*

*Ich lernte „Lord Nelson" - in seiner heutigen Form - Anfang der 80er Jahre in einem Seminar mit dem Thema „Inkarnationen" kennen. Ein ruhiger, ernsthafter, gerader Schweizer, der die Berge beinahe über alles liebt. Eins seiner Hobbys waren Bergwanderungen in den Alpen.*

*Aus der Inkarnation „Lord Nelson" berichtete er, dass er ein Junge gewesen sei, der von zu Hause abgehauen ist, weil er es dort nicht mehr aushalten konnte. Er berichtete von der Stimmung, den Pflichten und der Mutter, die „irgendwie" und fast überall im Hause und auf dem Landsitz anwesend gewesen wäre. Er heuerte als 12-jähriger Junge auf einem Schiff an und lernte zunächst Kanonenkugeln zu stapeln, zu sortieren und zu schleppen. (Ich verkürze hier die Aufzählung, die sehr plastisch und umfangreich ausfiel). In seiner Erinnerung war wichtig, dass er wenig, doch genügend zu essen bekam, geprügelt wurde und seekrank war. Das war für ihn das Schlimmste. Die Seekrankheit dauerte, so seine Aussage, manchmal über Wochen und Monate hinweg an. Sie hat sich sein ganzes Leben lang nicht gelegt. Er konnte sie in späteren Jahren besser verbergen, jedoch nicht beherrschen.*

*Er erzählte die erinnerten Highlights dieses Lebens, bei denen jedoch seine Erfolge auf See und in den Seeschlachten nur am Rande vorkamen. Darauf hingewiesen, erklärte er beinahe barsch, er habe heutzutage absolut kein Interesse am Militär.*

*Sein Anheuern als 12-jähriger auf einem Schiff erklärte er damit, dass dies zur damaligen Zeit durchaus üblich gewesen sei.*

*Für einige Seminarteilnehmer waren seine Ausführungen nicht schlüssig.*

*Sie konnten nicht verstehen, dass ein Mensch „aus gutem Hause", mit einer ausgeprägten Seekrankheit fast sein ganzes Leben auf See verbringt und fragten nach. Er hatte für dieses Phänomen zunächst auch keine befriedigende Erklärung.*

*Ich wies ihn darauf hin, dass jedes Menschenleben, betrachtet man es aus einer distanzierten und abstrakten Warte, in sich logisch und schlüssig ist, und dass jede Tat darauf abzielt, Schmerz und Disharmonie zu verhüten. Er ging daraufhin in sich und kam mit der Information „zurück", er wäre mit seinem Leben auf See dem Geist seiner Mutter ausgewichen, die, obwohl sie schon in seinem 9. Lebensjahr starb, auch nach ihrem Ableben zu Hause alles beherrschte und ständig anwesend war.*

*Seine Mutter und später der Geist der Mutter hätten ihn mehr terrorisiert, als die Strapazen auf See es jemals vermocht hätten. Er hätte die Quälerei auf See dem Terror und dem Schrecken seiner Mutter vorgezogen.*

*Auf den Einwand hin, dass darüber nichts in einem Geschichtsbuch vermerkt wäre, antwortete er sinngemäß: Er habe „damals" schon gedacht, dass es wohl einem Seehelden schlecht stünde, wenn er zugäbe, vor seiner Mutter weggelaufen zu sein.*

*Das „Ding mit seiner Mutter" (so seine Ausdrucksweise) hätte damals für ihn ein unermesslich tiefes Schamgefühl mit sich gebracht. Heutzutage würde er sich auch noch oft schämen und zwar für Dinge, Beziehungen und Verhältnisse, für die man sich eigentlich nicht zu schämen bräuchte. Trotz der Einsicht in die Irrationalität des Gefühls, käme er einfach nicht darüber hinweg und habe bis zum heutigen Tag nicht den Grund für das Schamgefühl gefunden, welches ihn immer wieder ergreift.*

*Als ich ihn auf seine heutige Beziehung zur Mutter ansprach, lief er bezeichnenderweise rot an und meinte verschämt, sie wäre bedeutend besser, als die Beziehung des Lord Nelson zur Mutter.*

*Soweit der Einblick in die Inkarnation eines geschichtlich bekannten Menschen. Es geht hier, wie wir verstehen können, nicht um den „großen" Namen oder um seine geschichtlich relevanten Taten. Man erkennt die Relevanz einer Inkarnation oft erst dann, wenn man das damals nicht Gelebte oder Befürchtete und die daraus entstehenden Anbindungen erkennt und versteht.*

*Heute liebt er (Lord Nelson) Bergwanderungen, hat wenig bis nichts fürs Militär über, leidet unter Schamgefühlen. Er arbeitet viel und hart, seine beruflichen Erfolge interessieren ihn wenig bis gar nicht (wie damals seine Erfolge auf See). Die Anbindungen/Parallelen an die kurz geschilderte Inkarnation sind deutlich und nachvollziehbar. Doch bei aller Berühmtheit des Namens, wer möchte mit diesen Anbindungen wirklich glänzen?"*

# Das Unrechtsempfinden des Vladimir Iljitsch Uljanov (Lenin)

Bericht von Wilfried Teschler aus einem Inkarnationsseminar:

*„Ich persönlich erinnere die Schilderungen der Inkarnation Lenins kaum, doch eins geht mir nicht aus dem Sinn. Ich habe den Träger der Inkarnation gefragt, wie er zu seiner ja sehr bekannten politischen Einstellung gekommen ist. Die Antwort hat mich beeindruckt.*

*Er - Lenin - spielte in einem erinnerten Alter von 5 bis 6 Jahren auf dem Hof eines Verwandten. Er träumte „so" vor sich hin, wie es viele Kinder machen. Von Geräuschen aufmerksam geworden, sah er in einiger Entfernung einen nach seiner Beschreibung alten, schon recht gebrechlichen Mann, der zwei Eimer voll Wasser vom Brunnen in Richtung des Wohnhauses trug. Er konnte sich daran erinnern, dass das Wasser dem alten Mann bei jedem Schritt aus den Eimern schwappte. Er ächzte und stöhnte und war gezwungen, die Eimer immer wieder absetzen. Der alte Mann musste immer und immer wieder den Weg vom Brunnen zum Haus zurücklegen. Er (Lenin) erinnerte nicht wie oft, er erinnerte sich jedoch sehr genau daran, dass er, wie aus heiterem Himmel und ohne jede Vorwarnung, von einem unglaublich starken Gefühl der Ungerechtigkeit überflutet wurde.*

*„Das darf so nicht sein." Das war der Satz, mit dem er sein kindhaftes Erleben und Entsetzen über eine „grenzenlose Ungerechtigkeit", so seine Worte, zusammenfassen konnte.*

*Ich fragte ihn, ob nicht doch die Erschießung seines älteren Bruders für seine politische Meinungsbildung ausschlaggebend gewesen wären. Nach einigem Nachdenken und Nachforschen verneinte er den gravierenden Einfluss der geschichtlich belegten Tatsache der Erschießung seines Bruders auf ihn. Das Ereignis hätte ihn „nur" in seiner Sicht auf die Dinge, nämlich dass die „grenzenlosen Ungerechtigkeiten" aufhören müssten, bestärkt. Sein Bruder wollte, ebenso wie er, Gerechtigkeit. Seine Erschießung habe er als eine weitere Ungerechtigkeit gesehen, mit der er durchaus gerechnet hätte. Für ihn war die Erschießung ein befürchteter, jedoch vorhergesehener „Kollateralschaden". Das Ereignis hätte bei ihm dazu geführt, dass er noch konsequenter, so das Wort mit dem er sich ausdrückte, sein Ziel die Abschaffung solcher Ungerechtigkeiten verfolgte.*

*Soweit der von mir erinnerte „Originalton aus der Inkarnation von Lenin".*

*Die Erinnerungen des Trägers der Inkarnation stimmten nicht mit der überlieferten Geschichtsschreibung überein. Wie könnten sie auch? Geschichtsschreibung ist Interpretation, die im Nachhinein getätigt wird. Sie kommt von außen und betrachtet nicht die inneren/geheimen Motive und persönlichen Beweggründe, die den Ereignissen zugrunde liegen. Es geht bei Lenin als Mensch nicht um Macht und Kalkül, sondern um die Wiederherstellung einer zerbrochenen Kinderwelt, einer zerstörten Harmonie. Wenn man so möchte, ist Lenin viel eher ein Romantiker, der das verlorene Paradies wiederaufleben lassen möchte, als ein knallharter Machtmensch und Stratege, der er zweifelsohne später wurde.*

*Ein Kindheitsereignis wurde bestimmend für den Rest seines Lebens, dies nicht nur für ihn (Lenin) selbst, sondern auch für sehr viele andere Menschen. Den Kampf um die Wiederherstellung des kindlichen Paradieses kann man durchaus als den Kerngedanken des Leninismus annehmen. Was sich im Laufe der Zeit geschichtlich aus dem Gerechtigkeitsempfinden, bzw. Unrechtsempfinden eines Kindes entwickelte, steht auf einem anderen Blatt. Es geht um die Bedeutung eines „geheimen", weil persönlichen, nicht verkrafteten und verarbeiteten Ereignisses für die Entwicklung eines politischen Systems.*

*Der Schock des Erlebnisses einer grenzenlosen Ungerechtigkeit war im wahrsten Sinne des Wortes bestimmend für Lenins Leben. Der Schock wurde „damals" nicht ausgelebt und darum mit der Zeit so tief und prägend, dass er bis heute wirksam und erhalten blieb. Der Mensch „Lenin" hatte dieses Erleben konserviert und bis zum Zeitpunkt im Inkarnationsseminar, als er sich mit den Anbindungen konfrontierte, wie eine „Leiche im Keller" behalten.*

*Als ich denjenigen kennenlernte, der die Inkarnation Lenins in sich trug, umgab ihn eine anhaltende, für mich unerklärlich gewaltige Wolke unheilschwangerer Traurigkeit. Seine Bewegungen waren langsam, Denken und Analysieren waren, so schien es mir, sein Lebenselixier.*

*Er hatte seinen akademischen Abschluss mit „summa cum laude" in einem Fach gemacht, welches ein umfassendes mathematisches Wissen verlangt. Ich fragte ihn, weil ich wusste, dass Lenin ein sehr belesener und auch gebildeter Mensch gewesen war, nach der Begründung für sein jetziges Studium. Er meinte, dass es Menschen geben müsse, die möglichst viel wissen, damit „die Welt" durch solche Menschen (damit meinte er wahrscheinlich sich selbst) etwas besser werden könne.*

*Ich fand mich bestätigt. Es gilt das Inkarnationsgesetz: Damals wie heute oder in diesem Fall besser gesagt, heute so ähnlich wie damals!"*

Die Anbindungen und die Wiederholungen von Erlebensweisen aus Inkarnationen wirken in allen Bereichen des Lebens, weil sie gesellschaftlich und vor allen Dingen persönlich positiv oder negativ bewertet werden.

Wertungen schaffen die Anbindungen.

Dieses Gesetz gilt so lange, bis die Anbindungen gelöst sind. Erst dann hat der Mensch den freien Willen, das zu tun, was er will und was in diesem, jetzigen Leben wirklich zu tun ist. Ist er positiv oder negativ gebunden, wiederholt er und wiederholte er und wiederholt er immer wieder das gleiche Verhalten, die gleiche Lebensstrategie, mit geringen, der Zeit und den Bedingungen geschuldeten, Variationen. Doch im Grunde ist und bleibt alles so wie in „früheren" Zeiten.

Das Erlebnis des jungen Vladimir Iljitsch Uljanov ist, auf Grund seiner Intensität, über die Person Lenins zur Grundintention des Leninismus geworden. Er hat, so kann man annehmen, sein ganzes Leben um dieses Erlebnis herum gebaut. Der Kern des Leninismus ist also, wie oben geschildert, rein persönlicher Natur. Es war, setzt man die Richtigkeit der Aussagen voraus, eindeutig keine politische Entscheidung, sondern eine auf tiefer kindlicher Verzweiflung basierende Haltung, gegen die erlebte Ungerechtigkeit zu kämpfen.

So kann man, wenn man um diese menschliche Seite weiß, gewaltige und relevante politische Persönlichkeiten (und damit wohl im Prinzip jeden Menschen) in ihrem Menschsein besser verstehen, sie entmystifizieren und wenn nötig, sie wieder auf ein menschliches Maß zurückführen. Das ist nicht unsere Absicht sondern eher ein Nebenergebnis unserer und wahrscheinlich jeder anderen qualifizierten Inkarnationsarbeit.

Wichtig ist, dass der heutige Mensch, der „Lenin" als Inkarnation und als „Leiche im Keller" in sich hat, die festsitzenden Muster (Energien) löst und als freier Mensch (mit der freien Energie) sein heutiges Leben voll selbstbestimmt leben und gestalten kann.

## Jack London – harte Kindheit, starkes Leben

Der Bericht eines heute 57-jährigen Mannes:

*„Ich stieß auf das Leben von Jack London, als ich mich systematisch mit dem Lösen von Inkarnationen befasste. Bei der Vorgabe: „Gehe in deine vorletzte Inkarnation!" landete ich mitten in der „Wildnis" des Jack London.*

*Meine ersten Erinnerungen aus dieser Inkarnation kamen aus der Kindheit, die von Armut, Hunger, Ablehnung und dem frühen Zwang zu arbeiten geprägt war. Einen Vater gab es nicht, an meine Mutter habe ich keine guten, mehr sogar böse Erinnerungen. Zu essen war kaum etwas da und wenn, dann war es schlecht oder verschimmelt. Ich erinnere mich an Ekel. Früh musste ich für mich selbst sorgen und arbeitete, damit ich etwas in den Bauch bekam. Soweit war das in Ordnung, ich erwartete nicht, versorgt zu werden.*

*Hart erlebte ich die Ablehnung, die mir entgegengebracht wurde. Aus heutiger Sicht und mit heutigem Wissen würde man sagen, ich war ein ADHS Kind. Ich habe durch Rückführungen in Erfahrung gebracht, dass diese Symptome auf eine Schilddrüsendysfunktion zurückgingen, die mein ganzes Leben bestimmen sollte. Ich war hyperaktiv, reizbar, stark, impulsiv, oft ungesteuert und sehr, sehr intelligent. Die meisten Menschen konnten nicht mit mir umgehen. Ich war für sie nicht zu ertragen. Zeit meines Lebens hatte ich das Gefühl, für andere einfach zu anstrengend zu sein.*

*Das Milieu, in dem ich mich bewegte, war rau, man war nicht zimperlich, auch nicht mit Kindern. Also trainierte ich früh, mich zu schützen und nicht erwischt zu werden. Ich entdeckte beispielsweise schon mit sechs oder sieben Jahren, wie ich meine Schilddrüsenfunktion so steuern konnte, dass die Leute von mir wichen, allein aufgrund meiner Ausstrahlung. Ich war fit, ich konnte mir helfen und in mir war ein Motor und der lief ständig auf Hochtouren, weiter, weiter, immer weiter.*

*Ich fand es selbstverständlich, lesen und schreiben zu lernen und als ich es mir in rasender Geschwindigkeit (für mich die Normalgeschwindigkeit) beigebracht hatte, meinte ich, alle müssten lesen lernen – natürlich!*

*Ich machte die unterschiedlichsten Jobs, las alles, was ich in die Finger bekam, lernte, was ich lernen konnte und entwickelte einen sehr speziellen Gerechtigkeitssinn. Dieser war sehr eigen, er hatte nichts mit Recht und Gesetz zu tun, es war der Gerechtigkeitssinn derer, die zu wenig hatten: der Fabrikarbeiter, der Unterdrückten, der Armen, der Hungrigen, der Indianer und Schwarzen, zu denen ich mich zwar nicht zählte, denn ich war anders, deren Leben ich jedoch hautnah erfuhr.*

*Dieser Gerechtigkeitssinn brachte mich zum Schreiben. Ich begann zu schreiben, weil ich etwas sagen wollte. Meine Message war:*

*„Leute hört doch auf mit dem Unsinn, lasst es doch, euch selbst und gegenseitig Steine in den Weg zu legen!*

*Haut Euch nicht kaputt!*

*Friede den Hütten, Krieg den Palästen."*

*Ich wollte eine bessere Welt und die setzte ich auch mit den Fäusten durch. Ich war durchaus kein Kind von Traurigkeit in diesen Dingen. Schlägereien waren fast an der Tagesordnung, Saufen und Schlägereien. Wobei ich selten heftige Schäden davontrug, denn meine Selbstheilungskräfte waren enorm. Der Alkohol wurde zu einem wichtigen Faktor, da ich verstanden hatte, dass ich ihn zum Eindämmen meiner Nervosität, beziehungsweise zum Eindämmen meiner Schilddrüsenüberfunktion nutzen konnte. Ich soff damals, damit ich (auch für mich) erträglicher wurde, ich soff meinen Bewegungsdrang, meine Kraft, meine Impulsivität nieder.*

*Als ich mit meinen Büchern gutes Geld verdient hatte, holte ich Schwarze und Indianer auf die Farm, die ich mir gekauft hatte. Ich wollte mit ihnen eine Befreiungsbewegung auf die Beine stellen. Sie waren Teil eines Plans, durch den konkret und praktisch mehr Gleichheit in die Welt kommen sollte. Ich war erschüttert, festzustellen, wie wenig Kraft und wie wenig Interesse sie an diesem Unternehmen hatten. Sie waren in jeder Hinsicht zu kaputt, um sich für mehr als für kurzfristige Projekte einzusetzen.*

*Ich erinnere mich auch an Ausflüge in die Wildnis, Alaska, Eis, Schnee, brutale Kälte, Schlittenhunde und Kumpel, die nicht taten, was sie sollten und daran zu Grunde gingen. Diese Reisen waren für mich oft eine Selbsttherapie gegen die Abhängigkeit vom Alkohol (Teufel Alkohol).*

*Wenn das Saufen zu viel wurde, verordnete ich mir einen Trip in die Wildnis und auf dem gab es nichts, keinen Tropfen. Ich mochte dieses Leben, es war stark, intensiv, ohne Fangriemen und doppelten Boden. Es war ein Leben, in dem ich tat, was ich wollte, kompromisslos und mit ganzer Kraft.*

*Als ich merkte, dass ich vom Saufen kaputt war, es mir meinen Willen nahm und unmöglich machte, die Dinge zu tun, die ich tun wollte, brachte ich mein Leben zu Ende. So selbstbestimmt, wie ich es gelebt hatte.*

*In meinem jetzigen Leben gibt es eine Menge Parallelen zu den Erlebnissen von Jack London. Am stärksten frappiert mich die politische Einstellung, die mich lange, lange als aktiver 1968er die Parolen rufen lies, die Jack London in seiner Zeit als Aktivist der Socialist Party kreiert hatte. Das war meine Überzeugung! Das war meine Realität! Erst als ich in dieser Inkarnation die Hintergründe der Radikalität fand, konnte ich - mit einigem Abstand - anfangen auch andere Ideen, Ansichten und Wahrheiten zuzulassen.*

*Zusammenfassend kann ich sagen, Jack Londons Leben war zum einen von den harten Lebensbedingungen seiner Kindheit, die ihn früh gelehrt hatten, sich hart durchzusetzen, und zu einem zwanghaften Gerechtigkeitsstreben führten, geprägt. Er selbst realisierte die Auswirkungen der Lebensbedingungen während seiner Kindheit auf seine Lebenshaltung und politische Einstellung nicht. Im Grunde meinte er, alle müssten so sein wie er selbst und aktiv, mit klugem Kopf und harter Faust gegen erlebte Erniedrigungen und schlechte Bedingungen angehen.*

*Der zweite lebensbestimmende Faktor war die Schilddrüsenanomalie. Diese verschaffte ihm einerseits enorme Energie, war andererseits aber auch ein Stachel im Fleisch. Sie ließ ihn immer gravierend anders sein als alle anderen. Ich kenne dieses Gefühl sehr gut. Ich habe selbst lange Zeit enorm viel Energie aktiviert und ein rasantes Leben geführt. Es bestand darin sieben Tage die Woche 12 bis 14 Stunden täglich zu arbeiten, Unmengen Alkohol zu trinken und ständig fünf Projekte gleichzeitig zu betreiben. Als ich die Inkarnation Jack Londons kennenlernte, begriff ich, dass dieser Lebensstil mir aus der Inkarnation bekannt und gewohnt war. Es gab allerdings Unterschiede: Ich hatte heute nicht Jack Londons körperliche Voraussetzungen und ich wollte auch auf jeden Fall älter als 40 Jahre werden. Die Auseinandersetzung mit der Inkarnation hat mir geholfen, „die Bremse" zu ziehen und meinen Lebensstil zu ändern. Sonst säße ich jetzt wahrscheinlich nicht (mehr) hier.*

*Könnte ich Jack London von heute aus einen Rat geben, dann hieße der: „Mensch Junge, Du bist so klug! Mach doch einfach langsamer, mit Deiner Schnelligkeit verhinderst Du, ein wirklich kluges Leben zu führen und noch mehr vom Leben zu haben!"*

*Alles in allem muss ich sagen, es war wirklich kein schlechtes Leben, die Vitalität und Radikalität vermisse ich noch heute manchmal. Aber ich weiß mich vor der Einseitigkeit zu hüten."*

## Freiheit ist etwas ganz anderes!

Interview mit Klaus Störtebeker

F.T.: Klaus (Name geändert), mit der Inkarnation des Klaus Störtebeker bist du ja der Träger einer von Sagen und Legenden umwobenen Inkarnation. Wie lebt es sich damit?

K.S.: Wenn ich ehrlich bin, zu Anfang, als ich im Rahmen eines Seminars auf die Inkarnation von Klaus Störtebeker gestoßen wurde, war ich doch etwas verlegen. So eine große Gestalt, so ein - jedenfalls in meinem Lebenskontext als gebürtiger Hamburger - großer Name, das sollte meine Inkarnation sein? Es war erst einmal schwer anzunehmen und gleichzeitig spürte ich, da stimmt etwas.

Ja, das Leben kannte ich wirklich von innen her.

Und, wie sollte es anders sein, die Erinnerungen waren bei näherer Betrachtung natürlich alles andere als schön und heroisch, das wurde im Nachhinein daraus gemacht, denn die Menschen mögen heroische Gestalten und Geschichten, weil sie sich so sehr vom normalen Leben unterscheiden.

F.T.: Was kannst du über das Leben von Klaus Störtebeker sagen? Es hat ja sehr wahrscheinlich auch einmal als Kind angefangen, irgendwo in Norddeutschland, oder?

K.S.: Ich kann recht viel sagen, ich habe mich ausgiebig mit dieser Inkarnation befasst, denn sie beinhaltet viele Erlebensweisen, die mich bis heute begleiten. Aber alles der Reihe nach.

Klaus Störtebeker ist in einem kleinen Dorf an der ostfriesischen Küste aufgewachsen. Das Leben dort war durch und durch von rauen Lebensbedingungen und einer strengen friesischen Kultur geprägt, zu der Kirche, Seefahrt und Landwirtschaft gehörten. Die familiäre Situation war von einem jähzornigen Vater bestimmt, der sich – wenn er denn nicht auf See war – an uns Kindern ausließ. Und schon sind wir mittendrin in dieser Inkarnation, in dem ganzen Unschönen, was die Grundlage für den Ablauf dieses Lebens legt. Es hat nichts mehr mit den Geschichten, die darüber erzählt werden, zu tun, sondern machte die innere Logik dieses Lebens aus.

Mein Vater fuhr zur See, was längere Abwesenheit von zu Hause mit sich brachte. Diesem Umstand ist u.a. zu verdanken, dass es starke Zweifel an seiner Vaterschaft in Bezug auf meine Person gab. Diese Zweifel nagten an ihm, aber damals gab es keine Möglichkeiten, den Zweifeln nachzugehen. Ich selbst hatte nie das Gefühl, er sei mein leiblicher Vater. Auch die Vaterschaft seiner anderen Kinder war nie so ganz zu klären.

Ich hatte eine jüngere Schwester, meine kleine Schwester. Zu ihr hatte ich ein sehr enges und sehr zärtliches Verhältnis. Sie war der wichtigste Mensch in meinem Leben. Das enge Verhältnis zu ihr entwickelte sich schon sehr früh, es ist von meinem Beschützerinstinkt und einer starken gegenseitigen Zuneigung geprägt. Ich hatte von Beginn an das starke Bedürfnis sie zu beschützen, vor den Männern, das war klar. Hierzu gehörten mein Vater ebenso wie ein Onkel und andere Dorfbewohner. In unserem Dorf waren sexueller Missbrauch und sexuelle Gewalt an der Tagesordnung, sie gehörten sozusagen zum Alltag. Doch, meiner kleinen Schwester sollte das nicht passieren! Dafür trat ich an! In dieser Konstellation entwickelte sich eine innige Beziehung, die später auch zu einer sexuellen Beziehung wurde, die ein Leben lang anhielt.

F.T.: Verstehe ich es richtig, die Schwester von Klaus war seine Geliebte?

K.S.: Ja, ja. Unser Verhältnis entwickelte sich weiter und sie war später meine Geliebte. Wobei es noch treffender wäre, zu sagen, sie war die Einzige, die ich geliebt habe, zu der ich wirklich eine Bindung hatte, auch wenn es andere Frauen gab. Zu ihr kam ich zurück, wenn ich auf See war. Um sie kümmerte ich mich, sie beschützte ich weiter, so gut ich konnte. Später bestand mein Schutz darin, anderen Männern Gewalt anzudrohen, falls sie sich an meiner Schwester vergreifen sollten.

F.T.: War es damals etwas Besonderes, ein Liebesverhältnis zur eigenen Schwester zu haben?

K.S.: Das weiß ich ehrlich gesagt gar nicht so genau. Unser Verhältnis entstand aus zwei Komponenten. Zum einen aus der Not heraus und zum anderen aus Zuneigung. Das eine ist nicht wirklich von dem anderen zu trennen, es schmiedete uns zusammen. Und aus dieser Nähe heraus entstand, als wäre es ganz organisch, ein sexuelles Verhältnis. Wir hatten dabei nicht wirklich das Gefühl etwas Verbotenes zu tun, sondern eher uns aneinander festzuhalten.

F.T.: Wie bist du, trotz dieses innigen Verhältnisses zu deiner Schwester, zur Seefahrt gekommen? Dabei musstest du sie ja wohl alleine lassen, oder?

K.S.: Ja, das war alles andere als freiwillig. Als ich 7 oder 8 Jahre alt war, sorgte mein Vater dafür, dass ich als Schiffsjunge auf ein großes Handelsschiff, welches in der Nordsee fuhr, kam. Ich wurde nicht danach gefragt, ob ich wollte oder nicht. Es war damals im 14. Jahrhundert durchaus üblich, mit 7/8 Jahren eine Arbeit zu beginnen. Ich musste da hin, denn ich war meinem Vater schon lange ein Dorn im Auge. So gab es einen Fresser weniger zu Hause und gleichzeitig wurde jemand aus dem Feld geräumt, der aufsässig war und ständig Widerstand gegen ihn leistete. Er schlug zwei Fliegen mit einer Klappe, indem er mich auf See „verfrachtete".

Die Zeit auf dem Schiff war die Hölle und dies sage ich nicht einfach so daher. Ich war der einzige Schiffsjunge in einer Mannschaft von ca. 20 Männern. Auch hier waren sexuelle Übergriffe, sexuelle Gewalt und Gewalt überhaupt an der Tagesordnung. Natürlich stand ich als Jüngster und damit Wehrlosester an erster Stelle. Der Rest war brutale und dumpfe Arbeit, die ich einzig und allein dazu nutzen konnte, Muskeln zu entwickeln und stark zu werden.

Denn, was mich mein bisheriges Leben gelehrt hatte, war die Überzeugung, körperliche Stärke zu brauchen, um zu überleben. Körperliche Stärke war lebensnotwendig, ich musste stark sein, um anderen „aufs

Maul zu hauen". Christliche Tugenden taugten in diesem Milieu nichts!

F.T.: Ja, das ist klar und verständlich. Wie lange bist du auf diesem Schiff zur See gefahren und wie zu einem Schiffsführer geworden oder stimmt die Darstellung der Geschichtsbücher gar nicht, dass Störtebeker Kapitän war?

K.S.: Doch, soweit ich mich erinnern kann, stimmt diese Darstellung. Es brauchte allerdings noch eine Weile, bis ich zu einem eigenen Schiff gekommen bin.

Ich blieb, vor allem in meinem Erleben, sehr lange auf diesem Handelsschiff. Es können gut unendliche zehn Jahre gewesen sein, mir fallen die genauen Zeitangaben jedoch recht schwer, denn wir haben damals nicht in Tagen, Monaten und Jahren gedacht. Wenn ich mich zurückerinnere, erinnere ich lediglich eine graue, dumpfe Zeit.

Mit den Jahren und mit zunehmender körperlicher Stärke, bekam ich an Bord Ärger, Streit und geriet in Schlägereien. Ich war mittlerweile um die 17, 18 Jahre alt, in der Hierarchie aufgestiegen und ließ mir nichts mehr gefallen. Meine Devise war: Wenn mich einer anfasst, überlebt er das nicht. Da ich dies durchaus ernst meinte, war die Situation an Bord irgendwann so eskaliert, dass ich gehen musste. Ich verließ das Schiff in Hamburg und verdingte mich als Stauer (Hafenarbeiter) im Hafen. Schiffe be- und entladen, Lebensmittel, Stoffe, Fässer mit Wein, Gewürzen und, und, und verladen.

Es war wieder harte, dumpfe Plackerei.

In Hamburg ereignete sich dann eine Schlüsselsituation, die mein weiteres Leben stark beeinflussen sollte. Ich beobachtete wie ein acht- oder neunjähriger Junge, der ebenfalls im Hafen arbeitete, auf offener Straße von seinem Vorarbeiter mit einem Stock verprügelt wurde. Ich sah das, sah rot und beschimpfte den Vorarbeiter lauthals, er solle von dem Kind ablassen.

Es kann sein, dass ich auch versucht habe, dazwischen zu gehen. Meine ganze eigene Geschichte, die Misshandlungen, die erlebte Brutalität fielen mir hier einfach auf die Füße. Zwei Dinge hatte ich dabei nicht beachtet. Zum einen war ich durch meinen Dialekt eindeutig als Friese zu erkennen. Friesen waren aus Sicht der Hamburger tumbe Bauern. Zum anderen war der Vorarbeiter nicht allein, er hatte eine Schlägertruppe im Schlepptau, mit der er für Ordnung sorgte. Und selbige machte kurzen Prozess, verhöhnte mich als Friesen und schlug mich halb tot.

F.T.: Wie bist du aus dieser Situation herausgekommen?

K.S.: Solche Dinge sprachen sich damals schnell rum, und ich hatte glücklicherweise in meinem Quartier Freunde, die mich von der Straße aufsammelten und in mein Lager schleppten. Sie brachten mir Alkohol, um die Schmerzen zu betäuben, flößten mir ab und an Suppe ein und sorgten sich um mich, so gut es ging. Ich konnte natürlich nicht arbeiten, hatte aber Geldmittel/Münzen beiseitegeschafft und konnte so eine Weile das Lager weiterzahlen.

F.T.: Wie kommt es, dass du etwas beiseitegelegt hattest? Das scheint mir doch eher ungewöhnlich gewesen zu sein, oder?

K.S.: Das kann schon sein, doch ich war ein durch und durch disziplinierter Mensch. Und ich hatte früh angefangen den Traum von einem eigenen Schiff zu träumen. Ich wollte raus aus dem „Scheißleben". Dies war ein Synonym für ein abhängiges Leben, ein Leben in dem ich ausgenommen und schlecht behandelt wurde. Mit einem eigenen Schiff wollte ich das realisieren. Für dieses eigene Schiff hatte ich Münzen/Geld gesammelt.

F.T.: Konntest du dich von dem Angriff erholen?

K. S.: Ja, glücklicherweise. Ich habe mich recht gut davon erholt, es blieb lediglich eine Ganzkörperspannung übrig. Stärker als der physische Schmerz war jedoch die Schande, die ich erlitten hatte. Ich war von den Hamburger Pfeffersäcken in meiner Ehre als Friese gedemütigt worden. Das war sehr, sehr schlimm. Ich konnte nicht weiter im Hafen arbeiten, mein Ruf war beschädigt und mein Stolz sowieso.

Ich ging zurück in mein Dorf, sah meine Schwester wieder, und das war der nächste Schock. Ihr ging es sehr schlecht. Sie hatte sich nicht verheiratet und war zu Freiwild für die Männer des Dorfes geworden. Ich fühlte mich schuldig, ich hatte sie nicht beschützt und mehr noch, unsere enge Verbindung war ein wichtiger Grund dafür gewesen, dass sie nicht heiratete.

Ich sah erneut rot, diesmal aber noch gründlicher als zuvor. Als erstes rächte ich meine Schwester, indem ich einigen der Männer, die sich an ihr vergangen hatten, fürchterlich zusetzte. Danach war ein für alle Mal klar, was mit denjenigen geschehen würde, die sie noch einmal anfassen sollten. Dann setzte ich meinen Plan, ein eigenes Schiff zu besitzen, in die Tat um. Es ging so einfach nicht weiter, es quälte mich, nicht besser für meine Schwester sorgen zu können, und ich sah für mich selbst keine Möglichkeit mehr, mich in die Hierarchie an Bord eines Schiffs oder im Hafen einzufügen.

Ich sammelte einige Freunde um mich - ich hatte genug Leute kennengelernt, die die Schnauze von den Pfeffersäcken und den miesen Lebensbedingungen voll hatten. Zwei von ihnen kamen aus meinem Heimatdorf und zwei aus Hamburg. Wir besorgten uns Schwerter, Messer, Säbel und ließen uns in Dörfern rund um einen Hafen, wahrscheinlich war es Stade, nieder, um von dort ein Schiff, das wir zu unserem Eigentum machen konnten, auszuspähen.

Wir suchten ein schnelles, stabiles Segelschiff, mit dem wir uns gefahrlos in der Nordsee bewegen konnten. Die Übernahme war nicht weiter schwer, wir enterten das Schiff bei Nacht, als ein Teil der Besatzung an Land war, schmissen den Kapitän über Bord und stellten die Mannschaft vor die Wahl, bei uns einzusteigen und mitzumachen oder zu verschwinden. Auf diese Weise stießen noch ein paar Männer zu uns.

F.T.: Und aus dieser Truppe sind dann die berühmten Liekedeler geworden?

K.S.: Wenn man so will ja, nur es war irgendwie ganz anders, als berichtet wird. Es stimmt schon, alles was wir erbeuteten, teilten wir untereinander auf. Das war für die Beteiligten eine Sensation. So was gab es sonst nicht. Für mich war es jedoch gar nichts Besonderes, denn mir ging es nicht um das Geld, um die Schätze und Güter, die wir uns besorgten. Ich wollte nur genug haben, um meine Schwester aus dem Schlamassel holen zu können, und ich wollte Rache, Rache für die Misshandlungen und meinen verletzten friesischen Stolz.

Es gab einen harten Kern der Männer, mit denen ich auf dem Schiff zusammen war, mit Gleichberechtigung hatte das jedoch wenig zu tun. Ich war der Motor des ganzen Unternehmens, ohne mich lief da nichts. Ich wollte zwar nicht den Chef machen, aber das Unternehmen war meine Initiative und ich hatte das Sagen. Wir haben die Beute untereinander aufgeteilt, ein Kollektiv mit gleichen Rechten waren wir jedoch nicht.

F.T.: Und dann habt ihr angefangen, in der Nordsee Raubzüge zu machen. Wie ist es zu dem speziellen Verhältnis zur Hanse gekommen? Oder ist das nur eine Legende ohne jeglichen Wahrheitsgehalt?

K.S.: Nun ja, auf den Raubzügen kam uns recht schnell das erste Hanseschiff in die Finger und wir begriffen, dass hier viel zu holen war. Das Gold, das Silber, die Münzen und manchmal Lebensmittel waren für uns interessant. Das Verhältnis zur Hanse bestand zudem in einer grundsätzlichen Rivalität zwischen den Friesen und den weiter östlich gelegenen Handelsstädten. Teile von Friesland wurden von der Hanse okkupiert und so mochte man als Friese die Hanse einfach nicht.

Es erscheint mir heute wie ein Naturgesetz. Uns war es beispielsweise nicht angenehm, holländische Handelsschiffe zu kapern, denn die Holländer waren auch Friesen und mit ihnen fühlten wir uns verbunden.

Wir ließen also in Folge die Finger von holländischen Schiffen, auch wenn sie sicherlich interessante Ware an Bord hatten.

Darüber hinaus gab es mein besonderes Verhältnis zu den Hamburger Pfeffersäcken, mit denen ich noch eine Rechnung offen hatte. Hamburg zog uns immer wieder an, weil wir hier Schiffe ausspionieren konnten, die für einen Überfall infrage kamen.

Es mag sich vielleicht komisch anhören, aber wir haben unsere Unternehmungen sehr gut vorbereitet. Das waren keine Aktionen aus dem Moment heraus. Ein Friese ist ordentlich, in jeder Hinsicht. Demzufolge haben wir auch unsere Kaperfahrten ordentlich geplant.

Auf einem dieser Landgänge lief ich einem der ehemaligen Angreifer über den Weg, einem Mann, der zu der Schlägertruppe gehört hatte. Wir erkannten uns wieder, ich überblickte die Situation, so schnell es ging und rammte ihm in aller Öffentlichkeit mein Messer in den Bauch. Dies tat ich nicht still und heimlich, sondern laut brüllend: „Passt auf, ich hole euch alle!" Auch dies war durchaus keine Kurzschlussreaktion, es war eine Explosion geballter Wut und Rache.

Ich möchte diese Tat damit nicht beschönigen, ich sage nur, wie es war.

Der Mann, den ich angegriffen hatte, gehörte zu einem einflussreichen Handelshaus, dessen Eigner wiederum ein Mitglied des Hamburger Stadtrats war. Ein Ratsmitglied konnte sich so etwas natürlich nicht bieten lassen und damit war ich in das Visier einiger hoher Herren geraten.

Wie es offenkundig wurde, dass meine Mannen und ich auch im Zusammenhang mit Überfällen auf Hanseschiffe standen, kann ich nicht genau sagen. Ab und zu ließen wir Gefangene, die wir bei den Kaperfahrten machten, frei und über diese kann es sich weitergetragen haben.

F.T.: Du erzählst recht locker von Angriffen auf Menschen, Überfällen auf Schiffe, Raub, Mord und Totschlag. Wie siehst du dies heute?

K.S.: Das ist eine gute Frage. Wenn ich diese Begebenheiten schildere, tue ich das aus der Sicht, mit den Vorstellungen und dem Erleben dieses damaligen Lebens. Und in diesem damaligen Leben gab es keine Moral. Es gab nur fressen oder gefressen werden, wie man so sagt. Das ist nicht daher gesagt, sondern die Realität dieses Lebens. In meiner damaligen Lebenssituation erschien es mir unausweichlich, gewalttätig zu werden und zwar besser und effektiver als alle anderen. Um mich herum erlebte ich nichts anderes als eine dumpfe und übermächtige Gewalt.

Und auch wenn ich es mir jetzt im Nachhinein vergegenwärtige, überkommt mich kein schlechtes Gewissen. Ich erlebe diese Ereignisse, als hätten sie eine immanente Logik, als wären sie ein in sich geschlossener

Kreis. Es ist die Logik des speziellen Lebens dieser speziellen Persönlichkeit, in dem es nur so gehen konnte.

F.T.: Was hältst du in diesem Zusammenhang von dem Karmabegriff, mit dem postuliert wird, dass die schlechten Taten, die man in einem vergangenen Leben begangen hat, einen wieder einholen und in einem späteren Leben gebüßt werden müssen?

K.S.: Diese Thesen decken sich absolut nicht mit meinen Erfahrungen. Durch kontinuierliche Auseinandersetzung mit Inkarnationen habe ich einen recht guten Überblick über die Abläufe und Abfolgen mehrerer aufeinander folgenden Leben. Ich kann aus dieser Übersicht sagen: Ich habe in keinem darauffolgenden Leben meine - als Klaus Störtebeker begangenen - Taten büßen müssen. Ich bin auch hinterher nicht in der Hölle gelandet, ich glaube, das musste ich auch gar nicht mehr, denn dieses Leben war Hölle genug.

Es sind ganz andere Dinge, die aus diesem Leben übriggeblieben sind. An allererster Stelle steht hier das besondere Verhältnis zu meiner kleinen Schwester. Bei genauer Betrachtung kann ich sagen, dass ich es bis heute nicht überwunden habe. Ich finde die Struktur dieses Verhältnisses, lediglich ohne die sexuelle Komponente darin, noch in meinem heutigen Leben wieder.

Auch ich habe eine Schwester, auch ich fühlte mich lange Zeit berufen, ihr zu helfen, sie aus dem Schlamassel zu ziehen, für sie zu sorgen, auch ich übernahm die Verantwortung für das Leben dieser Schwester. Ich tat dies so lange, bis ich begriff, wie unangemessen diese Hilfe war, denn ich konnte ihr gar nicht helfen. In dieser Struktur besteht meine größte Anbindung an diese Inkarnation.

F.T.: Lass uns doch noch kurz das Leben von Klaus Störtebeker zu Ende erzählen. Ich denke, es gibt noch ein paar interessante Details, zumindest wenn man den Mythen und Legenden Glauben schenken mag.

K.S.: Du meinst die Geschichte mit dem Kopf?

F.T.: Ja, natürlich. Die Geschichte, Störtebeker sei mit abgeschlagenem Kopf an seinen Mannen vorbeigelaufen, die Geschichte der Gefangennahme und auch die Frage, ob diese Gruppe von Piraten der Hanse wirklich zur Gefahr geworden ist.

K.S.: So wie ich es erinnere/wahrnehme, waren wir nicht wirklich eine wirtschaftliche Bedrohung für die Hanse. Natürlich, wir waren eine lästige Laus im Pelz, aber Piraterie gab es natürlich auch schon vor uns. Piraterie gibt es, seitdem über die Meere Handel getrieben wird.

Es hatte sich durch die Ereignisse in Hamburg ein ganz spezielles Verhältnis zwischen mir und besagtem Ratsherrn entwickelt. Das kommt mir zwar auch etwas komisch vor, aber es war so.

F.T.: Kann es sein, dass du diesem Herrn auch nicht das erste Mal über den Weg gelaufen bist, und eure Fehde älter ist als das Leben des Klaus Störtebeker?

K.S.: Darüber habe ich noch gar nicht nachgedacht, aber es ist ein guter Gedanke, denn die Intensität der Rivalität ist schon sehr speziell. Ich werde dem nochmal nachgehen, danke für den Tipp...

Nach meiner neuerlichen Auseinandersetzung in Hamburg entschieden wir uns, die Gegend erst einmal zu meiden. Wir waren auffällig geworden, wir waren bekannt, die Nordsee wurde langsam zu eng für uns. Ich holte meine Schwester, nahm sie mit an Bord und wir verlegten uns in die Ostsee. Durch diese Aktion wurde es für eine Weile etwas ruhiger, wir kaperten jedoch weiter und waren zu der Zeit auch in der Ostsee nicht die Einzigen, die dies taten. Die Hanse und damit die Handelsbeziehungen blühten, sehr viele Waren wurden per Schiff transportiert und, wie man so schön sagt, Gelegenheit macht Diebe. Die Hanse musste etwas unternehmen, um den Schiffsverkehr sicherer zu machen. Es ging dabei in erster Linie auch um ihr Ansehen.

Durch mein besonderes Verhältnis zum Hamburger Stadtrat war ich zu einem Symbol für alle Kaperfahrer geworden. Nach unserer Gefangennahme, es muss irgendwo in der Nordsee oder vor der dänischen Küste gewesen sein, wurde ich dementsprechend wie eine Trophäe behandelt. Einem Triumphzug gleich segelte man mit uns - mich hatten sie an den Mast gebunden - die Elbe hoch und in die Stadt hinein.

F.T.: Hast du Erinnerungen daran, wie es dir dabei ging?

K.S.: Ja, ich erinnere es, wenn auch nur dumpf. Dumpfheit ist sowieso ein Gefühl, von dem diese Inkarnation geprägt ist. Und ich muss auch sagen, an diesen Aspekt der Inkarnation erinnere ich mich außerordentlich ungern. Die dumpfe Wut, die mich packte, als man uns aufbrachte, ist immer noch nicht ganz vorüber. Es war schlimm, wir hatten mit nichts gerechnet, lagen in der Bucht einer kleinen Insel und auf einmal waren sie da.

Irgendjemand musste uns gesehen oder verraten haben. Wir waren vollkommen überrascht und was das Schlimmste war, ich konnte bei meiner Festnahme nicht einmal mehr „einen mitnehmen". Wir konnten uns nicht zur Wehr setzen und die Büttel der Pfeffersäcke blieben vollkommen ungeschoren. Ich hätte wenigstens noch mein Schwert ziehen sollen und den einen oder anderen einen Kopf kürzer machen müssen.

Dann wäre es ja noch gegangen... aber so blieb nur eine immense, dumpfe Wut. Vor lauter Wut habe ich dann nicht mehr viel von dem Triumphzug, mit dem man uns die Elbe hinauf segelte, mitbekommen.

F.T.: Wie hat sich die Hinrichtung abgespielt? Stimmt hier die Legende?

K.S.: An der Geschichte der Hinrichtung kann durchaus etwas Wahres sein. In meiner Erinnerung / in meinem Erleben sieht sie jedoch anders aus. Ich war zu dem Zeitpunkt ein unglaublich strammer und angespannter Mensch. Durch die früheren Misshandlungen und vor allem auch als Spätfolge des Zusammengeschlagenwerdens, war ich durch und durch angespannt.

Dann kam die enorme Wut hinzu, die ich zum Zeitpunkt der Hinrichtung immer noch in mir trug. Ich war ja die ganze Zeit auf 180, wie man so sagt. Die Spannung war so stark, dass ich nach der Hinrichtung nicht einfach zusammensackte, sondern mein Körper sich noch einmal aufbäumte und bewegte. Das war natürlich sehr erschreckend für die zuschauende Menge und ich kann mir gut vorstellen, dass aus diesem Fakt die Legende entstand, ich sei - mit abgeschlagenem Kopf - an mehreren meiner „Männer" vorbeigelaufen.

F.T.: Ja, das ist gut möglich. Kannst du sagen, was dein letzter Gedanke in diesem Leben war?

K.S.: Oh Gott, jetzt wo du fragst, natürlich ...! Mein letzter Gedanke, mein Gefühl ... vielleicht auch meine Überzeugung war: „Wartet's ab, ich kriege euch alle!" Es kann durchaus sein, dass dies nicht nur mein letzter Gedanke war, sondern auch meine letzten Worte! Ja, ich glaube schon.

F.T.: Dieser Gedanke müsste dann doch der Startschuss zu einer nächsten, von Rache geprägten, Inkarnation gewesen sein... Hatte er Folgen in weiteren Leben?

K.S.: Ja, auf jeden Fall, wobei ich nicht genau weiß, welches die direkt folgende Inkarnation ist, aber dieser Gedanke taucht später in Variationen immer wieder auf. Da muss ich mir nur mein jetziges Leben anschauen, meine Jugend als Hausbesetzer in Hamburg! Ich war Hausbesetzer! Im Kampf gegen den Hamburger Senat, wenn da die Glocken nicht läuten! Ich habe mich mit Haut und Haaren mit dem Hamburger Senat angelegt! Das kann doch kein Zufall sein! Ich habe dies zwar nicht in dem Bewusstsein der Inkarnation von Klaus Störtebeker getan, sondern aus dem Gefühl heraus, dies sei richtig, es sei nur recht und billig, die Häuser, mit denen die „Herrschenden" spekulierten, die sie den Bewohnern des Stadtteils wegnehmen und zu teurem Wohnraum ausbauen wollten, zu besetzen und so Gerechtigkeit walten zu lassen.

F.T.: Hat diese Inkarnation weitere Relevanz in deinem jetzigen Leben? Von dem besonderen Verhältnis zu deiner Schwester hast Du ja bereits erzählt. Gibt es noch andere Bereiche, in denen diese Inkarnation sich bis heute auswirkt?

K.S.: Ja, es gibt weitere ganz deutliche Parallelen zwischen meinem jetzigen Leben und Erleben und der damaligen Inkarnation.

Zeitlebens habe ich ein sehr starkes Gefühl für Ungerechtigkeit, welches mit einem gewissen Stolz gepaart ist. Wenn ich sage: mit einem gewissen Stolz, liegt hierin schon eine norddeutsche Untertreibung. Denn der Stolz, von dem ich rede, ist knallhart! Und ich bin strickt gegen gesellschaftliche Ungerechtigkeit. Ich meine ganz genau zu wissen, wie die Dinge oder die Verhältnisse sein müssen, ich folge dem oder versuche dem mit letzter Konsequenz zu folgen, sei es in der Praxis oder auch nur in Gedanken. Diese knallharte Haltung hat mich in meinem jetzigen Leben schon in die eine und andere sehr brenzlige Situation gebracht. Die Hausbesetzerbewegung war nicht der einzige Versuch, den ich unternahm, um meine Gesinnung zu leben. Ich kann mich kaum von dem Zwang einzugreifen, wenn etwas nicht so läuft, wie ich meine es müsste, freimachen. Doch mir wird mir mein Verhalten und die darin liegende Absurdität mittlerweile immer öfter bewusst. Ich fühle mich / bin / war diesem knallharten Streben wie ausgeliefert.

In der Auseinandersetzung mit der Inkarnation von Klaus Störtebeker habe ich dieses Gefühl eins zu eins wiedergefunden. Es tut einfach gut, zu wissen, woher es kommt. Und ich bin heute kein stolzer Friese, auch wenn dieses Erleben noch in mir existiert. Meine Lebensbedingungen sind auch ganz andere, als vor 600 Jahren und ich möchte in diesem Leben eigentlich etwas ganz Anderes tun!

Seitdem ich diese Inkarnation in großen Teilen gelöst habe, bin ich schon um ein Vielfaches lebendiger und freier geworden. Die Engstirnigkeit und Dumpfheit, die mit dieser Inkarnation verbunden waren, verlassen mich langsam.

Man spricht im Zusammenhang mit Klaus Störtebeker zwar immer von Freiheit und meint, er hätte damals frei gehandelt. Doch mit Freiheit hatte dieses Leben wirklich gar nichts zu tun. Es war starr, er war gefangen in seinem Stolz, sein Leben war dumpf und hart. Es war in erster Linie geprägt von der Enge der Rache.

Freiheit ist wirklich etwas ganz, ganz anderes.

F.T.: Klaus, ich bedanke mich herzlich für dieses Gespräch.

## ABC: Letzter Satz einer Inkarnation
[lɛtstɐ zats ainɐ ɪnkarnaˈtsio:n]

Der letzte Satz einer Inkarnation ist eine wichtige Größe innerhalb der Inkarnationsarbeit.

Der letzte Satz geschieht im Moment des Todes eines Menschen.

Er beinhaltet eine Lebensquintessenz, die der Sterbende über sein vergangenes Leben zieht.

Der letzte Satz einer Inkarnation ist ein Kernsatz und ein Startschuss für die nächste / zukünftige Inkarnation.

# Das Rad der Wiedergeburt

## Warum inkarnieren wir?

Vor einer Weile stand ich im Garten und unterhielt mich mit einer Nachbarin. Es dauerte nicht lange und ihre Katze gesellte sich zu uns. Im Maul trug sie stolz einen frisch gefangenen jungen Vogel, wir hatten Frühsommer. Unsere Nachbarin reagierte entsetzt und fuhr die Katze an:

„Miezie, ich habe dir doch schon 1000 Mal gesagt, du sollst keine kleinen Vögel fangen! Wir haben doch schon so oft darüber gesprochen, wenn du in deinem nächsten Leben als Mensch wiederkommen willst, dann musst du das langsam mal lernen!"

Ich möchte dazu sagen, unsere Nachbarin ist kein einfach gestrickter Mensch und auch keine Hindi, in deren Glaube eine Mischung aus Tier- und Menscheninkarnationen eingebunden ist. Die Anrede an die Katze hatte einen humorvollen Unterton. Natürlich war ihr bewusst, dass Vögel zum normalen Beuteschema einer Katze gehören, doch etwas Ernst schwang mit. Zumindest war die eindeutige Ansicht, es sei durchaus erstrebenswert, als Mensch zu inkarnieren, nicht zu überhören.

Wie mag das kommen? Was unterscheidet uns Menschen von den anderen Wesensarten und Daseinsformen und lässt uns meinen, es sei selbst für Katzen erstrebenswert, ein menschliches Dasein zu führen? Menschen unterscheiden sich vor allem durch ihr Bewusstsein und ihre geistigen Fähigkeiten von anderen Wesensarten. Menschen sind wahrscheinlich die ersten Lebewesen, die über sich selbst Bewusstsein erlangt haben und in der Lage sind, ihre eigene Existenz zu reflektieren.

Eine Katze kann das nicht, sie IST einfach, ohne ihre Existenz, ihr Sein und Tun zu reflektieren. Sie kennt weder Moral noch die Frage, wer oder was sie als Katze eigentlich wirklich ist.

Ob diese Fähigkeiten uns Menschen eine Überlegenheit über andere Daseinsformen verschafft oder uns ein schöneres, klügeres und erfüllteres Leben ermöglichen, kann man durchaus infrage stellen.

Denn nicht viele Menschen machen von diesen Qualitäten wirklich Gebrauch. Es ist meines Erachtens zu Recht eine weit verbreitete Ansicht, dass das Bewusstsein und die Fähigkeit des Denkens gleichermaßen Segen wie Fluch des Menschen sind, denn zuerst einmal bringen diese Fähigkeiten nichts als Ärger.

Ein Auswuchs dieses evolutionären Entwicklungsschritts ist beispielsweise die weit verbreitete Meinung, der Mensch sei die Krone der Schöpfung. Um zu belegen, dass dies der Wirklichkeit entspricht, haben Menschen zu einem interessanten Trick gegriffen. Sie schufen einen Gott und ließen diesen Gott dem Menschen ähnlich sein. Der Gott kann (zu uns) sprechen, zuhören, seine geistigen Fähigkeiten sind enorm, er ist gütig und allmächtig. Wie zum Beleg der These, der Mensch sei die Krone der Schöpfung, lässt dieser Gott den Menschen als sein Ebenbild erscheinen.

Wenn das kein Zufall ist! Folgt man dieser Logik, müsste der Gott der Katzen ein weiches Fell haben, vor allem schnurren und gerne kleine Vögel fressen.

Wie dem auch sei, trotzdem sich Menschen als Krone der Schöpfung betrachten, sind sie meist weit davon entfernt, mit ihrem Leben im Reinen zu sein. Die Gedanken, die sie sich rund um ihre Existenz machen, verdeutlichen vor allen Dingen eins: Es ist nicht leicht, einfach zu SEIN, wie Katzen es können, wenn man in der Lage ist, das Sein zu reflektieren. Und so sind Menschen permanent damit beschäftigt, ihr Leben zu verstehen, es zu verbessern, mit dem anderer zu vergleichen, es zu bewerten und zu definieren. Sowohl als Individuum, wie auch als Population, fühlen Menschen sich zu Besonderem „berufen", möchten Besonderes vollbringen und als solches anerkannt werden.

Genau hier kommen die Inkarnationen und die ewige Wiederkehr ins Spiel, denn kaum ein Mensch ist mit dem zufrieden, was er in einem Leben auf die Beine stellt. Am Ende eines Lebens steht meist die Überzeugung, dies habe nicht gereicht, sei nicht erfolgreich, nicht schön, nicht stark, nicht besonders genug gewesen. Gemäß der Devise: „Beim nächsten Mal wird alles anders!" ist er - schwubs - schon auf dem Weg zu einem neuen Leben, für welches er sich vornimmt, diesmal ganz durchzuziehen, mehr zu leisten, es besser zu machen, es jetzt wirklich zu vollbringen, etwas für die Ewigkeit zu schaffen und so weiter.

Das ist eine wichtige Erkenntnis unserer systematischen Reinkarnationstherapie, bei der wir die Mechanismen der Wiedergeburt anhand von unzähligen Rückführungen genau untersucht haben.

Was den Einzelnen jeweils zu einem neuen Leben anspornt, ist von Mensch zu Mensch verschieden. Ausschlaggebend ist dabei eine Lebensquintessenz, die zum Zeitpunkt des Todes gezogen wird. Sie muss nicht zwingend etwas mit den Fakten dieses Lebens zu tun haben. Sie ist eine rein subjektive Angelegenheit, man kann sogar sagen, sie ist ein Urteil, welches der Mensch vor dem Hintergrund seiner Sehnsüchte, seines Wollens und Schaffens über dieses Leben fällt. Es kann lauten:

„Es war alles umsonst“ und der Mensch wird ein nächstes Leben mit dem Ansinnen beginnen, ein Leben zu leben, welches nicht umsonst ist. Er wird sich vornehmen die Dinge, aus denen heraus er meint, das Leben sei umsonst gewesen, anders anzugehen.

Oder:

„Nur gespielt!“ und er wird ein nächstes Leben beginnen, in dem er sich vornimmt, Ernst zu machen und keinen Firlefanz zu veranstalten oder auch noch besser zu spielen.

Oder:

„Das kann doch nicht alles gewesen sein!“ und der Mensch wird eine Inkarnation in Angriff nehmen, in der er plant, mehr vom Leben zu haben oder mehr daraus zu machen.

Oder:

„Ich wollte doch noch so viel schaffen!“ und der Mensch wird sich in seinem nächsten Leben vornehmen, mehr zu schaffen.

Oder einfach nur: „Nein, so nicht!“

In unserer Reinkarnationstherapie stellen wir uns diesen Lebensquintessenzen auf einfache Art und Weise.

Sie sind Bestandteil jeder Auseinandersetzung mit einem vergangenen Leben und jeder gründlichen Aufarbeitung einer Inkarnation. Der gemeinsame Nenner von (fast) allen Lebensquintessenzen ist die Unzufriedenheit, mit dem was war, und das Gefühl, es hat in dem Leben nicht gereicht, es hätte anders und besser sein müssen.

Betrachtet man es geballt, ist es erschreckend.

Kaum ein Mensch ist mit dem zufrieden, was er in einem Leben vollbracht hat. Kaum ein Mensch hat am Ende seines Lebens das Gefühl, sich erfüllt oder vollendet zu haben. Wären es Einzelfälle, bräuchte man nicht darüber zu reden. Doch es scheint ein kollektives Phänomen zu sein.

Allen, die diesen Aussagen keinen Glauben schenken, möchte ich eine Übung aus unserer Körpertherapie (Polarity nach Wilfried Teschler) empfehlen:

## Eine Übung für Ungläubige

Nehmen Sie einen Moment Zeit, in sich zu gehen.

Stellen Sie sich vor, am Ende Ihres jetzigen Lebens auf dem Sterbebett zu liegen.

Fühlen Sie sich in die Situation ein, und schauen Sie von dort auf Ihr vergangenes Leben (ihr jetziges) zurück...

Wie geht es Ihnen mit diesem Leben? Wie stehen Sie zu ihm? Haben Sie das Gefühl, es erfüllt zu haben? Haben Sie das Gefühl, es richtig gemacht zu haben? Sind Sie zufrieden mit dem Erreichten?

Was ist die Quintessenz dieses Rückblicks, wenn Sie ungeschminkt und ehrlich in den Spiegel schauen?

Wenn jetzt das Ende Ihres Lebens wäre, wie würde das Urteil lauten? Sagen Sie: JA! Das war es wirklich. Oder zögern Sie und mäkeln, weil es doch nicht ganz so ist, wie Sie gewollt haben…

Das Gute an der Lebensrückschau, die Sie jetzt schon begehen, ist, dass Sie noch nicht „fertig" sind.

Sie haben die Möglichkeit, den Lauf der Dinge zu verändern. Steht man tatsächlich am Ende eines Lebens, ist genau dies nicht mehr möglich. Und das Urteil steht! Unsere Erfahrung mit vielen Klienten ist, dass kaum jemand, der sein Leben überblickt, eine rundum positive Bilanz zieht. Wie die Fakten eines Lebens auch sind oder gewesen sein mögen, man möchte es anders, besser, erfolgreicher und und und.

Was als besser betrachtet wird, hängt von den Vorstellungen und Projekten eines Menschen ab. Der Eine möchte etwas Großes vollbringen, der Nächste etwas Neues erfinden, der Dritte ganz zur Ruhe kommen, der Vierte das Leben von Grund auf verstehen. Die Variationen der Sehnsüchte scheinen unendlich, nicht gewiss ist dabei die Antwort auf die Frage, ob tatsächlich Zufriedenheit einkehrt, wenn die Vorhaben erreicht werden. Oft erreichen Menschen keine Zufriedenheit, weil sie ihre Vorhaben und Projekte im Laufe des Lebens vergessen und erst bei der Rückschau verstehen, dass und in welchen Bereichen sie sich nicht verwirklicht haben.

Ich erinnere die Rückführung einer Frau, deren letzte Inkarnation ein sehr aktives, politisches Leben war. Sie hatte sich für andere eingesetzt und ihr eigenes Leben dabei „vergessen". In der Strebesituation begriff sie das in aller Klarheit und fühlte, sie selbst habe gar nicht gelebt! Sie habe sich und ihre eigenen Interessen ganz für andere aufgegeben. Ihre Quintessenz war: „NEIIIN! So ist es nichts! So will ich es nicht."

Ich fragte sie im Anschluss an diese Erkenntnis nach ihrem heutigen Lebensstil. Es wurde ganz schnell klar, dass sie trotz eines anderen Entschlusses, dieselben Mechanismen lebte: politisch aktiv, sozial engagiert, die eigenen Interessen in die zweite Reihe stellend.

Obwohl die Lebensquintessenz eine starke Erfahrung in jeder Inkarnation ist, nützt sie dem Menschen nicht. Sie treibt ihn weiter, weil er sein Leben nicht als gut und erfüllt betrachtet.

Doch – unbewusst wie er ist - bleibt er an die Strukturen des vergangenen Lebens gebunden und wiederholt sie, anstatt aus ihnen zu lernen und sie zu überwinden.

Ein kluger Kopf könnte da auf den Gedanken kommen, das Ganze sei ein ausgeklügeltes Programm, um sicherzustellen, dass mit EINEM Leben nicht ganz Schluss ist. Die Lebensunzufriedenheit hält uns am Leben! Menschen vollenden sich nicht, sie werden nicht vollkommen, damit sie etwas für ein nächstes Leben übrighaben. Und so gehen sie weiter, weiter, weiter von einer Inkarnation zur nächsten.

Und das soll Vorbild für eine Katze sein? Lebt sie doch (bisher) völlig frei von unnützem Streben und auch von Unzufriedenheit hat sie wahrscheinlich nur seitens ihres Menschen etwas mitbekommen.

## Und der Sinn des Lebens?

Zum Bemühen des Menschen, seine Existenz zu optimieren, gehört die Frage: Welchen Sinn hat das/mein Leben eigentlich?

An dieser Stelle würde sich die Katze, gesetzt den Fall sie könne denken und diese Frage des Menschen nachvollziehen, am Kopf kratzen...

Sinn?

Wieso?

Das Leben selbst ist doch der Sinn und gleichzeitig so sinnlich, ich erlebe es doch täglich. Warum meinen Menschen, es müsse einen Sinn haben?

Ja, Menschen meinen das Leben müsse bedeutsam, sinnhabend, wichtig sein und nach Höherem streben. Das Leben so zu nehmen, wie es ist, zu genießen und es „einfach" zu leben, reicht ihnen nicht. Menschen vermuten, das Leben habe nicht nur Sinnlichkeit, sondern auch einen tiefer liegenden (oder je nach Geschmack auch höheren) Sinn. Oft rätseln sie darüber, streiten sich über diesen Sinn mit anderen, die einen anderen Sinn vermuten.

Eine in Reinkarnationskreisen oft geäußerte Ansicht, ist das Postulat, die Wiedergeburt und damit auch das Leben habe den Sinn, Menschen zu guten Menschen werden zu lassen.

Um diesen Sinn zu erfüllen, reiche ein einziges Leben nicht aus, nein, Menschen bräuchten viele aufeinander folgende Inkarnationen, um ein vollkommener und guter Mensch zu werden.

Das Ganze wird in einem Atemzug mit dem Begriff Karma genannt.

Es füllt (vor allem in moralisch / religiösen Zusammenhängen) Bücher mit Verhaltensanweisungen, die vorgeben, was gut und was böse ist.

Mal ehrlich: Haben wir Menschen das nötig?

Sind wir per Natur so schlecht und lasterhaft, dass wir massenhaft Inkarnationen brauchen, um gut zu werden? Oder ist das vielleicht wieder so ein Trick, mit dem wir ein ewiges Leben - von Inkarnation zu Inkarnation - legitimieren?

Ich möchte der Ansicht, der Mensch reife im Laufe der Inkarnationen und damit auch der Theorie, es gäbe die „alten, weisen Seelen", widersprechen. Mein Widerspruch beruht auf den Erfahrungen vieler, vieler Rückführungen.

Befasst man sich konkret und nicht rein theoretisch mit den eigenen Inkarnationen, kennt man deren Abfolge, dann kann man feststellen, dass in ihnen nichts Grundlegendes gelernt wird. Weder die Seele, noch der Mensch (was ein und dasselbe ist) werden von Inkarnation zu Inkarnation klüger, reifer oder gar vollkommener.

Sicherlich, der Mensch sammelt Erfahrungen, doch was fängt er mit ihnen an? Was ein Mensch verstehen kann, wenn er sich dem Ablauf seiner Inkarnationen stellt und sie erinnert, ist, dass er von Anfang an vollkommen war. Was er tun kann, ist, das Bewusstsein davon zu erlangen.

In Vorträgen, die mein Mann und ich zur Reinkarnationstherapie halten, haben wir in diesem Punkt oft rege Diskussionen. Kürzlich geschah es dabei, dass eine Teilnehmerin klipp und klar sagte: „Ich verstehe vollkommen, was Sie sagen. Es ist schlüssig und ich glaube Ihnen sogar, dass es sich mit Ihren Erfahrungen deckt. Doch ich WILL das einfach nicht wahrhaben. Für mich ist der Gedanke, dass der Mensch im Laufe seiner Inkarnationen reift, so ein guter und schöner Gedanke, dass ich einfach nicht von ihm lassen möchte."

Das war Klartext, zu dem man nichts hinzufügen kann.

Denkt man trotzdem weiter darüber nach, schließt sich die Frage an, wie denn dieser angenommene oder erhoffte Lernprozess, der den Menschen vervollkommnen soll, geschieht. Wo ist die Instanz, die den Lernprozess steuert? Ist es ein Gott oder ein höheres Selbst oder gar Kräfte in einer irgendwie gearteten Zwischenwelt?

Wir sind diesen weit verbreiteten Annahmen in zahlreichen Rückführungen – auch zwischen die Inkarnationen - gewissenhaft auf den Grund gegangen. Alles, was wir dabei finden konnten, war der Mensch selbst. Der Mensch, der als Ausdruck seines Lebenswillens inkarniert. Wir haben keinen Gott und auch keine andere höhere Instanz gefunden, die den Menschen leitet, niemanden, der das Tun und Streben bewertet, begutachtet oder gar bestraft, niemanden von außerhalb, der Lebensaufgaben verteilt, Strafrunden beschließt oder festlegt, was das nächste Leben als Lebensaufgabe bringen soll.

Wir wissen, dass wir uns mit dieser Aussage gegen viele Behauptungen religiös orientierter Reinkarnationstherapien stellen. Wir tun es aus vollster Überzeugung, denn wir haben dabei etwas gefunden, was in seiner Kraft und Bedeutung jeden Gottesbegriff übersteigt: den selbstbestimmten Menschen.

Schauen wir in den Ablauf der Inkarnationen, müssen wir eindeutig feststellen: Niemand anderes als der Mensch selbst ist für seine Wiederkehr und das Rad seiner Inkarnationen verantwortlich.

Niemand anderes als der Mensch selbst kann in diesen Ablauf eingreifen, das Rad beschleunigen oder gar anhalten. Doch für diesen Prozess braucht es Bewusstsein und Reflexion, die nur dann entsteht, wenn ein Mensch seine Inkarnationen aktiv erinnert, die Erinnerungen reflektiert, daraus Schlüsse zieht und sich dem Leben stellt.

Solange keine bewusste Aufarbeitung stattfindet, wird aus Inkarnationen nichts gelernt. Sie bilden lediglich die unbewussten Muster, die wiederholt werden und dem Menschen zur Identifikation und Definition seiner selbst dienen.

Wir liefern in diesem Buch viele Belege für diesen Sachverhalt. Ich möchte zwei weitere Beispiele hinzufügen, die sich mit dem Überdauern von grundlegenden persönlichen Haltungen über eine ganze Reihe von Inkarnationen befassen.

Eine Frau berichtet:

*„Vergegenwärtige ich mir die Reihe meiner Inkarnationen, die ich bisher kennengelernt habe – und das sind bereits an die 20 Erinnerungen - muss ich feststellen, dass sich durch alle eine ähnliche gesellschaftliche Haltung zieht. Ich kann es so zusammenfassen: Ich war immer gegen „Unrecht"! Gegen die „herrschenden" Mächte, gegen den Militärdienstdienst, gegen die Feudalherren, gegen die schlechte Behandlung von Frauen und so weiter.*

*Ich habe mich von Inkarnation zu Inkarnation in Situationen gebracht, in denen ich aufbegehren musste oder vielleicht besser gesagt, in denen ich aufbegehren konnte. Dieses Aufbegehren bestand unabhängig von meinem Geschlecht und meiner sozialen Position.*

*War ich eine Küchenmagd, dann machte ich beim Gutsherrn Rabatz; war ich eine Wohlsituierte aus bürgerlichem Haus, engagierte ich mich für die Armen und Kranken; lebte ich in einem besetzten Gebiet, war ich aufständisch, etc.. Ich sah die Welt allein durch die Brille der Weltverbesserung, eine andere Brille kannte ich nicht. Im jetzigen Leben hatte ich im gesellschaftlichen Widerstand der 1968er Bewegung mein Zuhause gefunden und damit wiederum einen Platz, an dem ich „vollkommen zu Recht" grundsätzlich etwas verändern konnte.*

*Als mir diese Kontinuität klar wurde, war ich erst einmal schockiert. Ich habe immer dasselbe gemacht, über Inkarnationen hinweg! Einerseits kann ich jetzt natürlich sagen, ja klar, ich bin ja auch immer dieselbe geblieben, also habe ich auch dasselbe gemacht. Doch wo ist die Entwicklung in diesem Ablauf? Wo ist der Lern- und Reifeprozess, von dem geschrieben wird? Ich finde keinen."*

Zu genau demselben Schluss kommen viele, die sich kontinuierlich mit Inkarnationen befassen. Sie stoßen auf Einstellungen, Verhaltens- und Erlebensweisen, die ihnen in allen Inkarnationen wiederbegegnen. Sie werden zwar von Inkarnation zu Inkarnation modifiziert, ändern sich jedoch nie grundlegend.

Es erscheint so, als handele es sich hier um die Lebensaufgabe des Betroffenen. In diesen Einstellungen fände sich das Thema wieder, welches der Mensch zu lösen habe, an dem er wachsen solle! Ich widerspreche dieser weit verbreiteten Ansicht, den Grund kennen Sie schon! Über diese immer gleichen Verhaltensweisen, die sich von Inkarnation zu Inkarnation fortsetzen, gibt es kein Bewusstsein! Sie sind ein Automatismus, der auf unreflektierten Erlebnissen und daraus gezogenen Schlüssen beruht. Hier kann kein Lernprozess stattfinden, denn es findet keine

Auseinandersetzung statt nur eine Anbindung an alte Strukturen.

Der Mensch meint, sich selbst in diesen Mechanismen zu erkennen, und hat längst keinen Zugang mehr zu den Gründen, aus denen heraus er einmal diese Haltung entwickelte. Er erkennt nicht sich selbst, sondern ein Persönlichkeitsmuster, welches in einer gänzlich anderen Lebenssituation entstanden ist und im heutigen Leben eigentlich als inadäquates Verhalten bezeichnet werden muss.

Ein Mann berichtet:

*„Zu Beginn meiner Beschäftigung mit der Inkarnationsfrage stieß ich auf eine Inkarnation „bei den alten Griechen". Ich war ein blitzgescheiter Mann, leitete eine Schule und unterrichtete Menschen in philosophischen, mathematischen und naturwissenschaftlichen Themen. Während dieser gesamten Inkarnation litt ich darunter, meine Schüler, sowie alle mich umgebenden Menschen, als unglaublich dumm zu empfinden. Ehrlicherweise müsste ich besser sagen, ich litt darunter, dass alle anderen dümmer waren als ich! Ich verstand nicht, warum sie nicht mehr wahrnahmen, effektiver nachdachten und klüger handelten. Ich zog mich immer wieder zurück von den Menschen, weil ich ihre Dummheit nicht ertragen konnte.*

*Heute, über 2000 Jahre später und mit dem Überblick über viele meiner Inkarnationen weiß ich, dass dieses Thema mich nie verlassen hat und auch mein jetziges Leben beeinflusst. Ich habe immer wieder in den unterschiedlichsten Leben aus Liebe zu den Menschen Maßnahmen gestartet - ähnlich der Gründung der Schule damals - damit Menschen klüger werden und wurde immer wieder aufs Neue von den Resultaten dieser Bemühungen enttäuscht. Doch ich lernte nichts daraus. Ich änderte nichts, ich tat es einfach immer und immer wieder. Ich war eigentlich der Dumme.*

*Erst heutzutage, nachdem ich durch den Überblick erschreckt auf diese Wiederholung der immer gleichen Gedanken und Empfindungen gestoßen bin, habe ich begonnen mich ganz bewusst mit dem Thema „die Dummheit der Anderen" zu befassen. Angenehm ist es mir bis heute nicht, aber die Beschäftigung mit dem Thema macht es mir möglich, mich von der Fixierung auf die Dummheit zu lösen und anders mit ihr umzugehen."*

Diese Beispiele könnte ich beliebig fortsetzen. Sie verdeutlichen, dass Inkarnationen selbst über 2000 Jahre hinweg ganz grundlegende Anbindungen und Strukturen hinterlassen. Und da haben wir sie wieder, die Frage nach dem Sinn von Inkarnationen. Wenn es also keine Entwicklung gibt, welchen Sinn haben sie dann?

## Die große Angst vor Freiheit

Eines ist so klar wie simpel: Wiedergeburt sorgt dafür, dass Menschen mehr als einmal leben. Dieser Sinn ist unbestritten. Doch was geschieht mit den angesammelten Erfahrungen?

Wofür nutzen Menschen sie?

Die Erfahrungen, die als Inkarnationsanbindungen in einem Menschen vorhanden sind, bringen Muster und damit fertige Ideen von sich und vom Leben mit sich. Sie verschaffen dem Einzelnen Strukturen und ein Bild von sich selbst.

„Ich bin die, die immer ein besseres Leben will."

Weil es so einfacher ist und weil der Mensch es kennt, nutzt er die bereits gelebten Muster, identifiziert sich mit ihnen und gibt sich so eine Identität.

Oder er sagt: „Ich bin der, der die Dummheit abschaffen will."

Und hat damit die Frage „Wer bin ich?", die ein fester Bestandteil unserer Kultur ist, beantwortet.

Inkarnationen strukturieren das Leben. Jede Inkarnation bietet fertige Lebens- und Erlebensmuster an, auf die der Mensch dankbar zu(rück) greift, anstatt wachen Auges und klaren Bewusstseins zu schauen, was in welcher Situation wirklich zu tun, gut und richtig ist.

Jede Inkarnation setzt dem Menschen eine Brille auf, durch die er das Leben sehen kann. Jede Inkarnation schafft eine neue Schublade, in die das Leben gehört und schon weiß er Bescheid, wie es läuft, weil es ja schon mal so gelaufen ist. Im Laufe der Zeit hat der Mensch so viele Brillen, Schubladen und fertige Lebensmuster angesammelt, dass er kaum noch ein Erleben von sich selbst und eine realistische Wahrnehmung seiner Umwelt hat.

Die Anbindungen helfen zwar dabei, die Frage: „Wer bin ich?" zu beantworten, doch der Mensch kommt sich damit nicht näher. Er hat Antworten, doch sie kommen aus Lebenskontexten, die veraltet sind.

Wenn man genau hinschaut, erkennt man, dass die aus Inkarnationen stammenden Persönlichkeitsmuster ein ungemein vielfältiges und differenziertes Koordinatensystem aus tausenden Geländern darstellen, an denen ein Mensch sich festhält, sich entlang hangelt und seine Lebensbahnen zieht.

Für fast jede Situation gibt es schon ein fertiges Muster, auf das zurückgegriffen werden kann. Das Fatale dabei ist: Die Muster werden als Ausdruck von Individualität betrachtet, weil der Mensch ihren Ursprung (in einer vergangenen Inkarnation) längst vergessen hat. Doch sie geben

Sicherheit und das Gefühl, zu wissen, wer man ist.

Würden Menschen aufhören in angeblicher Sicherheit und festen Strukturen leben zu wollen, würden sie - anstatt die kulturell etablierte Frage: „Wer bin ich?“ zu stellen, der Frage: „WAS BIN ICH?“ nachgehen, hätten sie die Chance, frei zu sein. Denn diese Frage deutet nicht auf Ego, Definitionen und Konzepte hin, diese Frage ist frei von Festlegungen, Charaktereigenschaften und Persönlichkeitsmustern.

Ernsthaft gestellt und konsequent mit Hilfe von Meditation angegangen, kann die Antwort den Fragenden zur ERFAHRUNG des Seins leiten. Sie führt auf das hin, was Mensch ist! Und eins ist sicher – dort ist keine Inkarnation! Die Frage kann nur beantworten, wer das Wesen des Menschseins versteht, sich ihm annähert und menschliches Sein erfährt.

Das Sein ist nicht zu denken und auch nicht zu definieren, es ist einzig und allein zu erleben und sinnlich in Erfahrung zu bringen. Die Beantwortung der Frage: „Was bin ich?“ führt hinaus aus dem selbst auferlegten Gefängnis der Inkarnationen, hin zum Sein des Menschen.

Wie einfach hat es da doch die Katze.

Sie ist - und zwar im Hier und Jetzt. Kommt ein Vögelchen vorbei, das lecker ist, gibt es Futter, sie findet das nicht gut oder schlecht, fühlt sich deswegen weder schuldig, noch dem Vogel überlegen und hat damit auch irgendwie nichts, was sie im nächsten Leben noch verwenden könnte. Sie hat auch nichts, mit dem sie in diesem Leben nicht fertig geworden ist oder angebunden wäre - kein Hinterfragen ihrer selbst, dem sie noch einmal nachgehen müsste, kein Ansporn, der sie treibt, zeitlebens nicht genug Vögel gefangen zu haben oder nicht schön genug geschnurrt...!

Wäre der Mensch mit seinem Sein ganz einverstanden, könnte es so leicht sein wie bei Katzen. Hätte er nicht diese unsagbare Angst vor großer Freiheit, vor der Freiheit, die wartet, wenn man sich aus all den Persönlichkeitsmustern, Determinierungen, Normen und Regeln löst, dann könnte aus dem Menschen richtig etwas werden.

Vielleicht ist unser Vorbild dann für Katzen attraktiver.

## ABC: Inkarnationsarbeit
[ɪnkaʀnatsio:ns´aʁba:it]

Inkarnationsarbeit bezeichnet die systematische Auseinandersetzung mit den Anbindungen, die aus vergangenen sowie zukünftigen Menschenleben und vormenschlichen Existenzformen im Menschen vorhanden sind.

Inkarnationsarbeit hat zum Ziel, die Muster / Informationen / Anbindungen zu lösen.

Die Inkarnationsarbeit geht davon aus, dass der Mensch in Anbindungen und Erinnerungen an Vergangenes gefangen ist, die ihm überholte Verhaltens- und Erlebensweisen vorgeben.

Eine systematische Inkarnationsarbeit umfasst neben den vergangenen und zukünftigen Menscheninkarnationen (die in zahlreichen Sonderformen behandelt werden) die evolutionären Inkarnationen (s.u.), die geistige Inkarnation (auch die Atlantische genannt), sowie die epigenetischen Inkarnationen (die den Verwandtschaftslinien entspringen).

# Das Vertikale Inkarnationssystem

## Inkarnationsarbeit als systematische Persönlichkeitsentwicklung

Wir haben eine Systematik zur Entwicklung des Menschen erarbeitet. Wir nennen sie das vertikale Inkarnationssystem. Vertikal, da die Grundlage des Systems der Bewusstheitsgrad ist, den ein Mensch (mit der Inkarnationsarbeit) erreichen kann. Vertikal, weil wir mit diesem System eine transformatorische Entwicklung beschreiben. Das Modell definiert aufeinander aufbauende Schritte einer Bewusstseinsentwicklung, vom einfachsten Bewusstseinszustand, bis zu dem, wofür man keine Worte mehr hat und auch keine Worte mehr nötig sind.

Uns ist wichtig, klarzustellen, dass diese Systematik nicht den Anspruch DER Wahrheit erhebt. Man kann sich an ihr entlang arbeiten und sie als eine Orientierungsmöglichkeit/Wegbeschreibung anerkennen und nutzen, wenn man die Entwicklung des Menschen hin zur umfassenden Bewusstheit beschreiten und /oder verstehen möchte.

Das System ist die erkenntnistheoretische Grundlage unserer Inkarnationsarbeit.

Die Systematik ist subjektiv. Einfach und alleine schon deshalb, weil wohl niemand DIE Wahrheit über DEN Weg definieren kann. Unsere Systematik bietet Anhaltspunkte für einen transformatorischen Weg und lässt sich gleichzeitig auf alle Lebensbereiche übertragen.

Sie kann, wenn vom Leser gewünscht, zu einem persönlichen, handhabbaren, praktischen und umfassenden Koordinatensystem einer Entwicklung des Menschen werden.

Das Vertikale Inkarnationssystem stellt in der Inkarnationsarbeit liegende Entwicklungsmöglichkeiten dar. Es bezieht sich auf das Entwicklungs- und Erkenntnispotential, das in der Auseinandersetzung mit Inkarnationen erreicht werden kann. Es beschreibt den Prozess einer kontinuierlichen und systematischen Inkarnationsarbeit, angefangen beim fehlenden Bewusstsein über das Vorhandensein von Inkarnationsanbindungen (Anbindungen an Persönlichkeitsmuster vergangener Leben), über ihre Bewusstwerdung, die Entwicklung des freien Willens, bis hin zur Befreiung von allen Determinierungen, die durch Inkarnationen entstehen. Das System gibt Orientierung in der Persönlichkeitsentwicklung und benennt die möglichen Ziele einer Auseinandersetzung mit dem, was uns „in carne" ist.

Das Modell ist ein theoretisches System, es ist nicht DIE Wahrheit über den Menschen. Es ist eine Darstellung und ersetzt nicht das praktische Befassen mit den Erinnerungen und Anbindungen, die aus Inkarnationen vorhanden sind.

Die Reinkarnationsthematik zieht eine Menge Theorien und Glaubenssysteme an. Allein der Glauben an Reinkarnation ist eines dieser Systeme, ebenso wie die Behauptung eines Karma Gesetzes, nach dem jeder Mensch begangene „Taten" (was immer das auch sei) in einem späteren Leben sühnen müsse. Oder die Vorstellung, der Sinn von Inkarnationen sei es, ein guter Mensch zu werden. Was in der Literatur an den Aussagen über Inkarnationen auffällt, ist die Tatsache, dass sie offensichtlich nicht aus der praktischen Inkarnationsarbeit gewonnen werden, sondern Glaubensstrukturen voraussetzen und im Allgemeinen einen starken moralischen Impetus haben. Offensichtlich dienen sie dazu, bestimmte moralische Werte zu untermauern und den Menschen weiter in Normen einzubinden, die ihm sanft und nachhaltig vorgeben, was er zu tun und zu lassen hat. Die Glaubenssysteme, die auf Inkarnationsvorstellungen zurückgreifen, sind eben Glaubens-Systeme und nicht Fakten, die auf Wissen und Erfahrung basieren. Sie beschreiben und postulieren Mechanismen, die in der Praxis nicht überprüft werden können und - das zeigt die praktische Inkarnationsarbeit - nicht haltbar sind.

Ein Beispiel, in Facebook schon als Zitat gepostet, der Autor ist uns nicht bekannt: „Wir dürfen Karma als ein Gesetz von Ursache und Wirkung verstehen, das aus reiner göttlicher Liebe erschaffen wurde - nicht um den Menschen zu strafen, sondern um ihn zu schulen und zur Einsicht, Erkenntnis und Wahrheit zu verhelfen. ... Es ist eine Gelegenheit, Gott kennenzulernen."

Das ist ein Glaube, eine Behauptung, vielleicht eine Hoffnung, es ist nicht zu belegen.

Mit dem Vertikalen Inkarnationssystem bewegen wir uns in einem anderen Bereich. Es ist ein Koordinatensystem, in dem mögliche Entwicklungsschritte eines Menschen aufgezeigt werden.

Das System ist mit dem potenziellen Ziel verbunden, den Menschen aus seinen unbewussten Bedingtheiten und Deformationen zu befreien, ihn von den Anbindungen an Inkarnationen und Einbindungen in Persönlichkeitsmuster aus vergangenen Leben zu lösen, damit er ganz das sein kann (werden kann), was er jetzt ist.

Diese Entwicklung ist in erster Linie die Entwicklung des Bewusstseins des Menschen über sich selbst und die Realität. Sie geschieht in Phasen, angefangen mit der Erkenntnis der unreflektierten Bedingtheiten, über das Erkennen des Wirkenden/der Wirklichkeit, zur Erkenntnis dessen, was ICH ist, über das unbedingte Sein, zur anscheinend unbegrenzten Bewusstheit.

Doch ein System bleibt ein System.

Wenn es gut ist - und das hoffen wir - hilft es den Menschen, die sich mit dem benannten Ziel identifizieren, ihren Weg klarer zu sehen und besser zu verstehen.

## Die erste Ebene: die Ebene der mechanistischen Unbewusstheit

Die erste Ebene ist die Stufe des fehlenden Bewusstseins über das Vorhandensein von Inkarnationsanbindungen und deren Einfluss auf das jetzige Leben.

Es ist die Ebene der vordergründigen Wahrheiten, Verhaltensweisen und Mechanismen, die unsere Handlungen, Gefühle und die Sicht der Welt bestimmen. Der Mensch der ersten Ebene ist geprägt von nicht bewussten Inkarnationsanbindungen, gesellschaftlichen Normen und Werten, die für wahr und endgültig gehalten werden, ohne wirklich hinterfragt zu sein. Der Mensch der ersten Ebene ist in seiner Unbewusstheit dumm, selbst wenn er einen IQ von 130 haben sollte. Er sieht die Welt mit Hilfe eines Gerüsts aus Meinungen, Gedanken und Ansichten, ohne sie auf ihre Richtigkeit hin zu überprüfen.

Der Mensch der ersten Ebene verfügt nicht über die Sensibilität, die nötig ist, um die Realitäten der Welt so wahrzunehmen, wie sie sind.

Er lebt von Einbildungen, Normen, angeblichen Richtigkeiten und Glaubenssätzen, erlernten Zielen und ebenso erlernten sinngebenden Inhalten. Alles findet „im Kopf“, in Konstrukten und Gedanken statt und braucht keinen Bezug „zur Welt/äußeren Realität“ zu haben.

Wenn doch, ist es mehr oder weniger Zufall.

Wir meinen, sagen zu müssen: Die allermeisten Menschen befinden sich in diesem Zustand, den kaum jemand dauerhaft verlässt.

Ein Mensch der ersten Ebene kann an Inkarnationen, das Karma Rad, die Gesetzmäßigkeit der Reinkarnation glauben oder nicht ebenso wie daran, dass Halbfettmargarine gesund ist, jeder Mensch fünf Mal am Tag Gemüse essen sollte oder dass beim Duschen Wasser zu sparen, eine sinnvolle Angelegenheit ist, selbst in regenreichen Gebieten.

Er reagiert aus einem Reflex heraus, den er für einen eigenen Standpunkt hält. Dieser Reflex ist jedoch von Faktoren gesteuert, die im Bewusstsein des Menschen nicht vorhanden sind. Es sind Glaubensmuster, Reaktionsmuster, die aus Inkarnationen stammen, ebenso wie aus familiären Prägungen, gesellschaftlichen Normen und Werten. Sie werden kaum daraufhin überprüft, ob sie wirklich so sind, wie sie erscheinen oder wie behauptet wird.

Der Mensch der ersten Ebene lebt in Behauptungen. Er behauptet: „Es gibt keine Inkarnationen“ oder er behauptet: „Natürlich gibt es Inkarnationen!“ und glaubt daran. Was er nicht tut und was er nicht kann, ist, herauszufinden, ob sein Glaube stimmt. Er bleibt beim Glauben und macht sich nicht auf den Weg, zu überprüfen, was wirklich ist. Ebenso wie er nicht überprüft, ob Halbfettmargarine gesund ist, es ihm tatsächlich guttut, fünf Mal am Tag Gemüse zu essen oder ob es Sinn macht, in regenreichen Gegenden Wasser zu sparen.

Der Mensch der ersten Ebene kann nicht sagen, was wirklich ist, er kann es nur glauben, vermuten und behaupten, denn ihm fehlen die Organe, die nötig sind, um vom Glauben zum Wissen zu kommen.

Zum Dasein auf der ersten Ebene gehört es, die eigenen Bedürfnisse, Gefühle und Handlungsweisen als Ausdruck der eigenen Individualität, des „Ichs“ anzusehen. Der Mensch der ersten Ebene meint dabei, dass dieses Ich von ihm selbst geprägt und gesteuert wird.

Er erkennt nicht, dass es sich gar nicht um ein einziges kontinuierliches Ich handelt, sondern um viele verschiedene Ichs, die je nach Situation und Begebenheit aktiv werden. Die „Ichs“, und damit die vielen verschiedenen Erlebens- und Verhaltensweisen, können aus jahrhundertealten Inkarnationsanbindungen oder frühkindlichen Traumata stammen, sie sind kulturell geschaffen oder können in der Familientradition begründet sein.

Der Mensch der ersten Ebene lebt von seinen Inkarnationen gesteuert, in der Regel ohne etwas davon zu ahnen, geschweige denn zu wissen. Paradoxerweise können Inkarnationen sogar ein Teil seines Glaubenssystems sein, er glaubt jedoch an sie und weiß nicht um ihre tatsächliche Relevanz.

Er empfindet z.B. Angst vor der großen weiten Welt, ohne zu realisieren, dass diese Angst aus einem Erlebnis aus längst vergangenen Tagen rührt. Er erlebt permanentes Fernweh oder permanente Reiselust, ohne zu realisieren, dass diese Lust in Streifzügen aus längst vergangenen Zeiten ihren Anfang nahm.

Er hält es für normal, sich im Dunklen zu fürchten, denn: „Ist es nicht ganz normal, sich im Dunklen zu fürchten?“ und weiß nicht, wo diese Furcht ihren Ursprung hat. Er liebt Orangen oder gefilzte Pulswärmer oder das alte Buch mit dem dicken braunen Ledereinband auf komische, unerklärliche Weise einfach über alles. Er weiß nicht warum das so ist, und mal ehrlich, ist es nicht auch ganz normal, jeder hat doch diese kleinen Eigenarten!?

Er ist sich seiner selbst und der ihn steuernden Elemente/Faktoren nicht bewusst, glaubt, seine Berufswahl nach freien Stücken getroffen zu haben, da er die Bedingungen, in denen sie geschah, nicht wahrnehmen kann. Er glaubt an die große Liebe auf den ersten Blick, da er die zwischenmenschlichen Bindungen, die das Beziehungsleben prägen, nicht kennt.

Er ist ein Reiz-Reaktionssystem, das auf Impulse von ihn steuernden Einflüssen aus vergangenen Leben und vielem mehr reagiert. Er ist mit den Verhaltensweisen, die aus vergangenen Leben kommen, identifiziert und wundert sich nicht über ungewöhnliches, nicht zeitgemäßes oder auch nicht zu ihm und seiner Lebensgeschichte passendes Verhalten. Er meint: So bin ich halt, ohne zu wissen, was ICH ist oder auch nur zwischen ICH und dem, was nicht Ich ist, jedoch irgendwann einmal ein Ich war, differenzieren zu können.

Der Mensch der ersten Ebene fragt sich nicht, was er eigentlich ist und was ihn ausmacht, er fragt höchsten „Wer bin ich?“ und verstrickt sich bei der Suche nach den Antworten auf diese Frage in immer neue Identifikationen und Persönlichkeitsmuster.

Wir sehen in dem mangelnden Bewusstsein, welches dem Dasein auf der ersten Ebene eigen ist, den Hauptgrund dafür, dass Inkarnationsarbeit im Allgemeinen oberflächlich behandelt wird, meist von Glauben bestimmt ist und selten das Flair des Mystischen verliert. Um diese Oberflächlichkeit zu überwinden und die Welt der Normen, Glaubensmuster, Religionszugehörigkeiten, kurz die Welt, in der Andere die Werte und Normen für einen selbst gesetzt haben, zu verlassen, braucht es den Mut über das übliche Denken und Empfinden hinauszugehen und alle scheinbaren Wahrheiten radikal zu hinterfragen.

## Die zweite Ebene: die Ebene des Objektiven

Um die erste Ebene zu überwinden, muss ein Mensch beginnen die gegebenen Verhaltensweisen, die vertrauten Gefühle, Neigungen und lieb gewordenen Eigenheiten radikal in Frage zu stellen. Natürlich nicht alle zugleich, sondern nach und nach.

Er muss den Gedanken zulassen, dass es Dinge außerhalb seines Bewusstseins gibt, die sein Verhalten, seine Gefühle und Eigenarten beeinflussen oder sogar produzieren. Er muss neugierig werden auf die Ursprünge und Zusammenhänge dieser Empfindungen und Verhaltensweisen.

Dieses „Muss" ist keine zwingende Größe. Es ist das „Muss", welches man aufgrund einer inneren Logik akzeptiert, wenn man ein Ziel erreichen will.

Es beschreibt alle unbedingten und zielführenden Notwendigkeiten.

Die zweite Ebene ist die Ebene der Wissenschaft, das heißt, der Auseinandersetzung die Wissen schafft. Die zweite Ebene bedeutet: weg vom Glauben, hin zur bewussten Erfahrung der Dinge, weg von den Prozessen und (bisherigen) Irrtümern, hin zu dem, was konkret und im weitesten Sinne wirklich ist. Der Mensch der zweiten Ebene muss nichts mehr glauben, er beginnt zu merken, dass es mehr als Glauben gibt, er weiß, dass er erfahren und wissen kann.

Der Mensch wird zum Entdecker, Aufdecker, zum Ent-täuschten, der immer weniger Täuschungen unterliegt.

Für ihn zählen die Dinge, die er erfahren hat. In Bezug auf Inkarnationen heißt das, er beginnt zu erkennen, wie Inkarnationen ihn selbst prägen und steuern. Er kennt zunehmend seine eigenen Inkarnationen und bemüht sich z. B. darum, Inkarnationen sowie die Gesetze des Lebens, anhand der Inkarnationen sich zu eigen zu machen und zu verstehen. Der Mensch der zweiten Ebene will wissen, wie das Leben der Menschen funktioniert, was ihn selbst und andere Menschen ausmacht, verändert und die Bewegungen des Lebens mit sich bringt.

Der Mensch der zweiten Ebene weiß und spürt mit zunehmender Erfahrung immer mehr, dass er mechanistisch funktioniert. Durch dieses Wissen bekommt er den nötigen Abstand, um sich seiner Mechanismen bewusst zu werden. Der Mensch der zweiten Ebene weiß, dass er in vielen Bereichen glauben muss, denn er hat noch nicht die nötigen Organe ausgebildet, um vom Glauben zur Erkenntnis und zum Wissen zu kommen. Doch er macht Schritt für Schritt die Erfahrung, dass er sich und seine Sicht der Welt wirklich ändern kann.

Man kann die zweite Ebene auch die Ebene der Polaritäten nennen, da man hier das Andere als etwas von sich selbst Getrenntes erkennt. (Auf der ersten Ebene muss man glauben, dass es Polaritäten gibt.) Es gibt den Erkennenden, das zu Erkennende und das Erkannte. Die Tätigkeit des Menschen der zweiten Ebene ist, zu erkennen, was (wirklich) ist. Er unterscheidet zwischen Sichtweise und Meinung. Er stellt sich Fragen, die der Mensch der ersten Ebene gar nicht kennt.

Es sind Fragen wie: „Was ist ein Baum?“,

„Was ein Haus?“ oder:

„Was bin ich wirklich?“,

„Warum habe ich (wirklich) den Beruf ergriffen, den ich ausübe? Was hat mich tatsächlich dazu bewegt?“

Er begibt sich damit in Bereiche, die für den Menschen der ersten Ebene verschlossen oder mit Irrtümern belegt sind. Er erkennt, wieviel es „zwischen Himmel und Erde gibt“, was ihm als Mensch der ersten Ebene unzugänglich blieb. Dazu gehören in der Regel auch die Erlebnisse, das Verstehen und das Realisieren von Inkarnationen und deren Auswirkungen auf das heutige Leben.

Sein Interesse an dem Wesen der Dinge ist geweckt und tiefgehend. Er hat sich auf die Suche danach begeben, wie die Dinge jenseits ihrer oberflächlichen Erscheinung sind.

Auf der zweiten Ebene entsteht dadurch etwas, das es auf der ersten Ebene nicht gibt, Objektivität. Die Objektivität der zweiten Ebene setzt die Fähigkeit voraus, das Wesen der Dinge zu erfassen, so wie es ist.

Dies ist schlechthin ohne ein, über das „Normale“ hinausgehendes, Training der Sinne und eine intensive Ausbildung der Sensibilität nicht möglich.

Zur zweiten Ebene gehört es daher auch, die Wahrnehmung und die Sinne zu bereinigen, den Realitätssinn auszubilden und Sicherheit in der eigenen Wahrnehmung zu erlangen. Man kann diese Entwicklung auch als den Schritt von der Aussage: „Ich erlebe es so“ hin zu dem Satz: „Das ist...“ bezeichnen.

Die zweite Ebene bringt für den Menschen, der wirklich wissen will, viele Konflikte mit sich, denn er erkennt, dass er meistens nicht in der Lage ist, zu erkennen und zu sagen, was wirklich ist.

Dieses Nichtwissen und gleichzeitige „wissen wollen“ bringt Reibung mit sich, die dazu anregt, immer besser wahrzunehmen, um zu immer mehr Erkenntnissen zu kommen und sich damit immer besser in der Welt und in der Realität auszukennen.

Die Wahrnehmungsfähigkeit, die dafür nötig ist, ist in unserer Gesellschaft verpönt und sie wird geleugnet. Spricht man beispielsweise von Objektivität, dann erntet man mit Sicherheit die Ansicht, es gäbe keine

Objektivität sondern lediglich die Subjektivität des Individuums. Aus der Sicht der ersten Ebene ist dies natürlich vollkommen richtig, denn auf der ersten Ebene gibt es nichts als Subjektivität. In einer Gesellschaft, die von Subjektivität geprägt ist, kann es daher auch keine Vorstellung davon geben, dass noch etwas anders, nämlich objektiv, sein könnte.

Ich möchte zum besseren Verständnis einen typischen Konflikt des Menschen der zweiten Ebene beschreiben. Eine Frage, die sich fast jedem stellt, ist die Frage nach dem „richtigen Beruf".

Begegnet er dieser Frage ehrlich, dann kommt er sehr schnell zu dem Schluss, dass seine Berufswahl entweder vollkommen zufällig war, aus einem Reflex heraus geschah, durch familiäre Vorgaben entstanden ist oder aber durch eine Reihe von Inkarnationsanbindungen getroffen wurde.

Diese Erkenntnis kann erschütternd sein, denn erst einmal meint fast jede/r, die Berufswahl sei ein Ausdruck des freien Willens. Sie macht deutlich, wie sehr der Einzelne von Faktoren beeinflusst und gesteuert wird, von denen er nichts weiß. Eine weitere Frage, die sich unwillkürlich anschließt, ist die Frage danach, welchen Beruf er wirklich haben will und welchen er jenseits aller Determinationen ergreifen würde. Ist der Fragende wiederum ehrlich zu sich, dann muss er sich eingestehen, es nicht zu wissen, denn er wird sich als Mensch der zweiten Ebene wohl seiner Determinationen immer mehr bewusst, weiß jedoch nicht, was er will und was er wirklich ist.

Der Mensch der zweiten Ebene erkennt langsam aber sicher, dass sein ICH kein ICH ist, sondern ein Konglomerat aus Determinationen, Anbindungen, Gewohnheiten und Zufällen, die er nicht im Griff hat und nicht im Griff haben kann. Er erkennt, dass das ICH, für das er sich hält, nicht wirklich existent ist. Dieses kann eine schmerzliche Erfahrung sein, die im besten Fall zu der Frage führt, was das ICH wirklich ist. Der Beantwortung dieser Frage kommt man näher, wenn man sich vergegenwärtigt, wer denn eigentlich derjenige ist, der die ganzen Fragen stellt, und wer derjenige, der wissen will.

## Die dritte Ebene: die Ebene des Ich-Bewusstseins

Der Mensch der dritten Ebene ist dort angekommen, wo mancher Mensch der ersten Ebene schon meinte zu sein: bei sich selbst. Er kann zu Recht von ICH sprechen, denn er weiß, was Ich ist. Er hat sich dieses Bewusstsein erkämpft, seine Wahrnehmung von Verblendung und die Sensibilität von Dumpfheit befreit, seine Ansichten, Handlungen und

Verhaltensweisen von Fremdsteuerung entrümpelt.

Ich ist dann keine Frage und keine Antwort mehr.

Ich ist.

Ist erst „Ich“ da, wird auch die Frage der Inkarnationen eine andere.

Der Mensch der dritten Ebene weiß um seine Inkarnationen und erkennt, dass sie alle denselben Geruch, dasselbe Flair haben. Er realisiert den roten Faden, der sich durch die Inkarnationen zieht, denn seine Inkarnationen sind Ausdruck seiner Lebensenergie. Alle Inkarnationen des Menschen der dritten Ebene sind im Grunde eine einzige, ein einziger Ausdruck des Willens, des Tuns und der Individualität des Menschen. Stirbt ein Mensch der dritten Ebene, bleibt der rote Faden, der Lebensfaden, die Lebensenergie – einige nennen es das Herz oder die Seele – erhalten, es ist eine Kontinuität vorhanden, die durch die Inkarnationen hindurch erkennbar ist.

Diese Kontinuität heißt: Ich bin Ich, ich bin Wille.

„Es geschieht, was ich will.“

Der freie und unbedingte Wille ist die Kontinuität, die über Jahrhunderte hinweg besteht.

Der Mensch der dritten Ebene wird nicht von den Widrigkeiten und Bedingungen des Lebens gesteuert und von ihnen hin und her geworfen. Er tut, was er will, denn er weiß, was er will. Er erreicht, was er will, denn er kennt die Bedingungen, zu denen es geschieht. Er ist bei sich und in der Realität zuhause.

Ich bin ich und ich bin das Gesetz.

Er hat keine Angst, die Anbindungen aus Inkarnationen hinter sich zu lassen, denn er hat keine Angst und keine Sehnsucht, frei zu sein.

Er braucht die Inkarnationen nicht, um sich zu definieren und sich eine Identität zu geben, denn er hat sich und ist sich seiner selbst, seiner Handlungsfähigkeit, seiner Wahrnehmung, seines Seins sicher. Das Leben der dritten Ebene ist ein Leben ohne das Geländer eines Glaubens, einer Ideologie oder Philosophie. Es kommt ohne die geliehenen Identitäten, Gefühle und Verhaltensweisen aus.

Betrachten wir in diesem Zusammenhang den viel zitierten Satz des Philosophen Descartes: „Ich denke, also bin ich“ einmal genauer, erkennen wir ihn, mit dem Bewusstsein der dritten Ebene, als einen Satz der ersten Ebene, der den hilflosen Versuch enthält, sich als Mensch zu erfahren und zu definieren.

Ein Mensch der dritten Ebene braucht sich nicht zu definieren, er „weiß" von Kopf bis Fuß, dass er ICH ist und dass das Denken nicht das richtige Instrument dafür ist, sich selbst zu realisieren. Denke ich mich (oder andere), so befinde ich mich in dem Bereich der Ideen und Illusionen über mich selbst, jedoch nicht im Bereich der Realität und des Seins. Die Realität kann ich nur erkennen und das Sein kann ich nur sein.

Denke ich, dann bin ich nicht im Sein, dann bin ich in den Gedanken.

Die Gedanken eines denkenden Menschen der dritten Ebene sind mit der Realität und ihm selbst kongruent, sie bilden deswegen keine Schwingungen, die von außen wahrnehmbar wären.

Man könnte es an den Satz von Descartes angelehnt so formulieren:

Ich bin, also bin ich.

Die dritte Ebene ist die erste Ebene, auf der ein Mensch verantwortlich ist und in einem tiefen Sinn auch so handelt. Auch wenn er auf den anderen Ebenen ebenfalls für sein Tun verantwortlich gemacht wird, ist er es im Grunde genommen jedoch nicht, da er nicht wirklich weiß, was er tut, sondern lediglich gesellschaftliche Normen und Werte, Verhaltensweisen und Handlungsanweisungen reproduziert.

Die Verantwortlichkeit entsteht aus dem bewussten, kongruenten Tun, für das es eine bewusste Entscheidung gibt, das einen im Menschen liegenden Sinn hat und ein menschenadäquates Ziel verfolgt.

Der Mensch der dritten Ebene ist aufgewacht. Er hat die Zweifel, Fragen und Gedanken, Ideen und Vorstellungen über sich abgelegt und die Verkleidung der Inkarnationen ausgezogen. Er ist zu dem Kern seines Wesens geworden, er ist zu dem geworden, was er als Mensch ist, kreativ, frei, bewusst, herzlich, verantwortlich. Die Suche nach dem Selbst ist erledigt, das Ich ist da.

Ein Mensch der dritten Ebene kann sagen:

„Ich weiß, was ich ist." Ich bin Ich.

„Ich weiß, was ich will." Ich bin Ich.

„Ich weiß, was wirklich ist." Ich bin Ich.

„Ich weiß, was ich verantworte." Ich bin Ich.

„Es geschieht, was ich will." Ich bin Ich.

„Ich weiß, was die Freiheit des Ich ist." Ich bin Ich.

Ob ein Mensch diese Fragen absolut beantworten kann oder nur in einem gewissen Maß, hängt davon ab, wie stabil er in der dritten Ebene ist. Die Stabilität der dritten Ebene wächst in dem Maß, in dem das herkömmliche Denken, die Projektionen, die Gedanken und die Polaritäten aufhören und das Bewusstsein des Eins zunimmt.

Das Ich kann man lassen. Man kann es nur aus freien Stücken lassen. Dann kommt man zur nächsten Bewusstseinsebene.

## Die vierte Ebene: die Ebene des Seins

Über die vierte Ebene kann man wenig sagen, sie ist am ehesten durch die Abwesenheit von etwas zu beschreiben. Auf der vierten Ebene gibt es weder Wille noch Verantwortung noch Liebe oder Realitätssinn. Es gibt weder Inkarnationen noch den Lebensfaden, der sich durch alles zieht. Auf der vierten Ebene sind nur Freiheit und Jetzt.

Ich bin, was ich bin.

In jedem Moment ist immer alles da. Es ist ein permanenter Moment, an den keine Bedingung geknüpft ist. Der Mensch schafft, ohne etwas zu wollen oder er schafft nicht, ohne etwas damit zu machen.

Auf dieser Ebene ist der Mensch angesiedelt, der einfach „eine Tasse Kaffee trinkt". Trinkt er eine Tasse Kaffee, dann tut er dies nicht, um wach zu bleiben oder um etwas zu erkennen, sich selbst zu verwirklichen, sein Lebensziel zu verfolgen, frei zu sein oder irgendetwas anderes zu erreichen, er tut nichts Anderes als Kaffee trinken.

Sein Bewusstsein ist zu einer immerwährenden Bewusstheit geworden, die alles erkennt, alles weiß, alles ist und nichts damit verbindet.

Doch selbst das ist noch eine Art von Inhalt und Struktur, die überwunden werden kann.

## Die fünfte Ebene: die Ebene der „Normalität"

Hier ist nichts mehr, nur noch die tägliche Normalität.

Hier ist weder die Frage noch die Antwort des Seins auf oder für oder gegen etwas.

Hier ist nichts eins, nichts zwei und auch nichts drei.

Doch gelten hier die Zahlen als das, was sie sind und sein können - Hilfsmittel zur täglichen Lebensgestaltung.

Die Begrenzung des Lebens oder Todes ist nicht mehr.

Dies sind Versuche zu beschreiben, was nicht einmal mehr durch Gegensätze zu beschreiben wäre. Zugleich sind das genau die Worte, die das treffen, was erlebt ist und wohl nur dann verstehbar wird, wenn man selbst diese Erfahrung macht.

Wenn eins die Einheit wäre und zwei hell und dunkel und drei der Beginn der materiellen Welt, dann wäre die Ebene der Normalität 0.

## ABC: Evolutionäre Inkarnationen
[ʔevo:luˈtsio:næʀə ɪnkarnaˈtsio:n]

Als evolutionäre Inkarnationen bezeichnen wir Informationen, die aus vormenschlichen Existenzformen stammen und heute die Körperlichkeit und das Erleben eines Menschen beeinflussen.

Evolutionäre Inkarnationen stellen eine Sonderform in der Inkarnationsarbeit dar, die nach unserer Kenntnis bisher keine Beachtung gefunden hat.

In ihnen finden wir Erlebensweisen und Strukturen unserer evolutionären Vorfahren wieder, die als Vorformen der menschlichen Existenz gelten.

Evolutionäre Inkarnationen spielen eine wichtige Rolle bei vielen als psychosomatisch geltenden Problemen und Erkrankungen.

# Das körperliche Erbe der Evolution

## Die Geschichte einer wundersamen Heilung

Kreationisten behaupten bis heute, der Mensch sei ein Werk der Schöpfung. Befasst man sich jedoch intensiver mit Inkarnationen, sprich mit dem, was wir heute „in carne" haben, obwohl es eigentlich jetzt nicht zu uns gehört, entdeckt man nicht nur Anbindungen und Erinnerungen aus längst vergangenen Menschenleben, sondern ebenso energetische Muster unserer vormenschlichen evolutionären Vergangenheit.

Wir stoßen auf die erlebbaren innermenschlichen Belege für die Evolution.

Der Bericht einer 48-jährigen Frau:

*„Seit meiner Jugend quäle ich mich mit Problemen im Oberbauch. Druck, Spannungen, Verdauungsprobleme, ab und zu eine Gastritis, Unwohlsein und mehr begleiten mich seit langer Zeit. Zu Beginn dieser Leidensgeschichte suchte ich Ärzte auf. Sie untersuchten mein Blut, meine Organe und meine gesamte Konstitution, jedoch ohne Erfolg. Der behandelnde Arzt vermutete, es sei eine psychosomatische Störung.*

*Ich befasste mich mit diesem Gedanken, fand verschiedenste Erlebnisse, die Spannungen in meinem Oberbauch hinterlassen hatten, setzte mich unter Begleitung mit ihnen auseinander, doch meinen Oberbauchproblemen tat das nichts.*

*Dann ging ich über zu naturheilkundlichen Verfahren, beschäftigte mich mit Qi Gong, Entspannungstechniken, Shiatsu, Homöopathie und vielem mehr. Ich erlernte körpertherapeutische Übungen, lernte mich immer besser kennen und wurde immer gesunder. Allein, der Druck im Oberbauch blieb und mit ihm ein immer wiederkehrendes Unwohlsein, das zwar nicht mehr bis zu einer Gastritis führte, aber trotzdem unangenehm war.*

*Eines Tages kam eine Freundin zu mir und erzählte, sie habe etwas komplett Abgefahrenes – so ihre Worte – kennen gelernt. Körperinkarnationen! Dies sei ein Spezialgebiet der Reinkarnationstherapie. Eine Heilpraktikerin in ihrer Nähe biete Kurse an, in denen man diese Art der Inkarnationen in Erfahrung bringen könne. Ich konnte mir wenig darunter vorstellen, war aber neugierig und unbedingt gewillt, jeden Strohhalm zu ergreifen, mit dem ich meinen Oberbauchproblemen doch noch den Garaus machen konnte.*

*Die These dieser Reinkarnationstherapie besteht darin, dass Erinnerungen und Erlebensweisen von unseren evolutionären Vorfahren körperlich abgespeichert sind. Prinzipiell, so die Ausführungen der Heilpraktikerin, kann das Erleben jeglicher Wesensart, die einen Vorläufer unseres jetzigen Seins darstellt, in uns vorhanden sein. Hierzu würden Gase und Steine ebenso zählen, wie Amphibien, Einzeller und vieles, vieles mehr, was die Grundlage unseres jetzigen körperlichen Zustands darstellt. Ich ließ mich auf das Experiment ein und machte eine unglaubliche Erfahrung.*

*In meinem Oberbauch, in exakt dem Bereich, der mir immer Probleme bereitete, befand sich das Erleben eines schlangenähnlichen Tieres. Das Erleben dieses Wesens/von diesem Wesen zog sich über den gesamten Bereich unterhalb des Rippenbogens. Das Wesen besaß einen festen, muskulösen Körper. Es hatte keine Beine, aber links, ungefähr auf Höhe meiner Milz, so etwas wie ein Maul. Zu den Eigenarten dieses Tieres gehörte es, ab und an eine enorme Spannung zu entwickeln.*

*Zu Beginn meiner Auseinandersetzung mit dieser Spannung begriff ich nicht, wofür sie gut war und woher sie kam. Mit der Zeit verstand ich jedoch, dass diese Spannung zu dem Ernährungsverhalten des Tieres gehörte. Die Ernährung bestand offensichtlich darin, sich große Mengen unzerkauter / nicht zerkleinerter Nahrung einzuverleiben. Diese gelangte in seinen Magen/Darm, ins Verdauungssystem und wurde dort nur sehr langsam und unter großer Spannung zersetzt.*

*Dieses Gefühl der Spannung kannte ich nur zu gut, denn es hatte mich immer wieder begleitet und verrückt gemacht. Hier fand ich endlich die Ursache für meine Oberbauchprobleme wieder. Die Spannungen in diesem Bereich waren für mich oft so stark, dass es mir beispielsweise nur möglich war auf dem Bauch liegend zu schlafen. Der Gegendruck, der so durch die Matratze entstand, glich den Druck in meinem Bauch aus, und ich spürte ihn nicht mehr so stark.*

*Langsam und zu Beginn noch skeptisch, näherte ich mich dem Gefühl an, welches das Tier in mir hinterließ. Mit der Zeit wurde das Empfinden immer klarer. Anstatt dem Empfinden eines Menschenoberbauchs war da etwas ganz anderes, war da ein Erleben, was überhaupt nicht dorthin gehörte. Kein Wunder, dass es mir Probleme bereitete.*

*In dem erwähnten Kurs lernte ich Techniken, mit deren Hilfe ich dieses Erleben auslöschen konnte und endlich, nach gut 30 Jahren, ließen meine Beschwerden nach. Ich brauchte ungefähr drei Wochen, in denen ich mich intensiv mit dem Erleben des Schlangentiers befasste, um mich schließlich ganz von ihm zu befreien. Welch eine Erleichterung!*

*Ich weiß, es hört sich ungeheuerlich an und ist kaum zu glauben, doch ich war nicht die Einzige, die Erlebensweisen unserer Urvorfahren in sich trug. Heute - nachdem ich noch eine Reihe weiterer Körperinkarnation kennengelernt und gelöst habe - gehe ich davon aus, dass wahrscheinlich jeder Mensch von diesem Phänomen betroffen ist. Es erscheint mir mittlerweile als häufige Ursache für die unterschiedlichsten körperlichen Probleme."*

Die Basis unseres Lebens, damit ist in diesem Fall die jetzige Inkarnation gemeint, ist unser biologischer Körper. Ohne ihn wären wir nicht existent. Es ist wohl für niemanden eine Frage, dass ein Ei und ein Sperma nötig sind, um einen menschlichen Körper entstehen zu lassen. Aus Ei und Sperma wird zunächst der Fötus, dann das Kind, dann der Jugendliche, der Erwachsene und schließlich der alte Mensch, der sterben wird.

Allen gleich ist das Vorhandensein der Biologie, die sich im Laufe der Jahre in verschiedenen Phasen manifestiert.

Diesen Ablauf nehmen wir als einen gewohnten, selbstverständlichen, durch und durch natürlichen Prozess an. Hin und wieder erinnern wir uns daran, dass diesem Prozess viele andere Prozesse und Leben vorangegangen sind. Da waren unsere Eltern, deren Eltern, wiederum deren Eltern... wenn wir hier weiter zurückgehen, kommen wir, wie man so schön sagt, bei „Adam und Eva" aus.

Doch wieder zurück ins Jetzt. Ei und Sperma tragen genetische Informationen in sich, damit ein Mensch entstehen kann. Diese genetischen Informationen sind nicht „aus der Luft gegriffen". Es sind Informationen, die einer Entwicklung von Milliarden Jahre entspringen.

In unserer bewussten Erinnerung sind unsere Eltern, Großeltern und vielleicht sogar noch unsere Urgroßeltern als Vorfahren präsent. In Wirklichkeit fußen wir aber nicht nur auf unseren Eltern und Großeltern, es ist die gesamte bisherige Evolution, deren Ergebnisse wir sind.

Ebenso wie unsere Vorfahren und die Evolution in der Körperform sowie in unseren Fähigkeiten ihren Abdruck hinterlassen haben, sind sehr feine, für das Alltagsbewusstsein kaum wahrnehmbare, Informationen der „letzten" viereinhalb Milliarden Jahre in uns gespeichert. Sie sind kaum zu erkennen, haben dennoch und vielleicht auch gerade deswegen, einen eklatanten Einfluss auf unseren körperlichen Zustand, unser persönliches Befinden und unsere psychische und geistige Gesundheit.

Die seit mehr als 4 Milliarden Jahren andauernde, materielle Evolution ist die Grundlage unserer jetzigen Körperlichkeit.

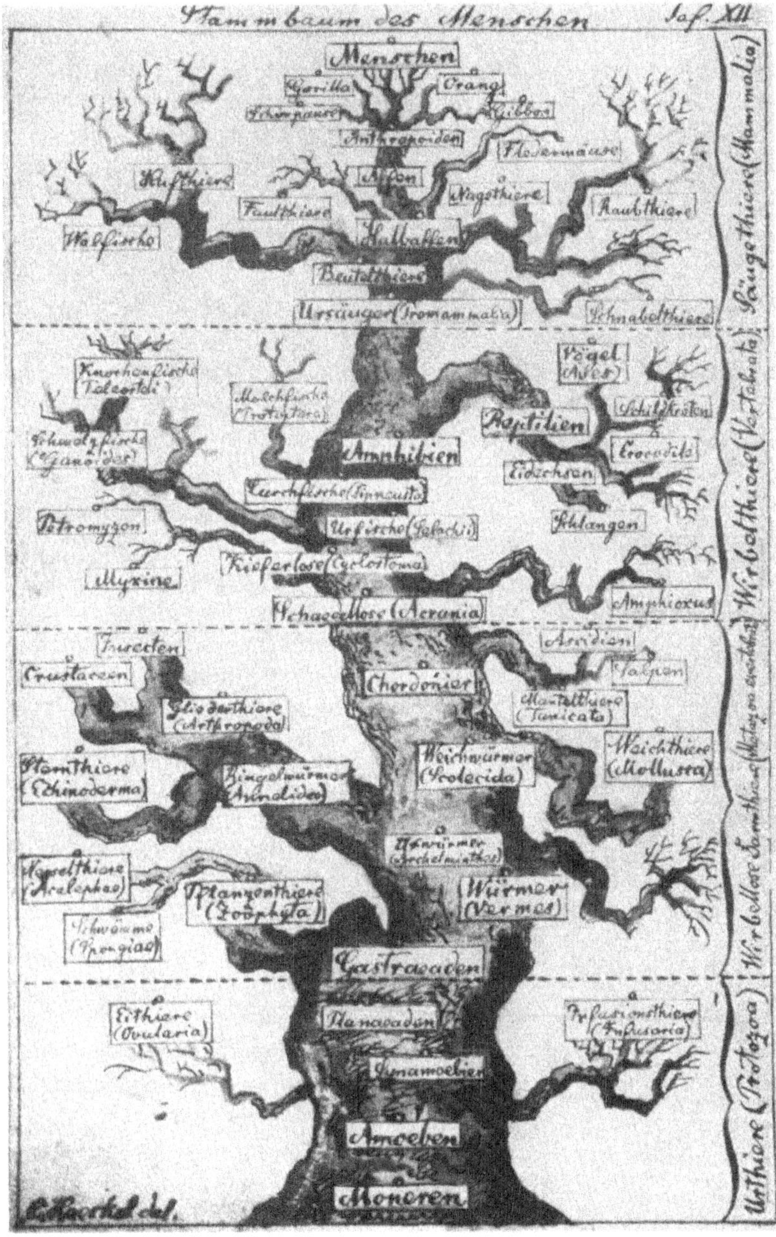


Stammbaum des Menschen Originalzeichnung von Ernst Haeckel für die „Anthrophogenie oder Entwicklungsgeschichte des Menschen" (Leipzig 1874). „Ernst-Haeckel-Haus" der Universität Jena

Man kann diese Entwicklung auch als eine Inkarnationsreihe verstehen, auf der wir, unsere Biologie, unsere Gene fußen. Diese Inkarnationsreihe beginnt bei den ersten Lebensformen, die sich entwickelt haben und mündet in der Form, die das menschliche Leben, der menschliche Körper heute hat.

Was in keiner uns bekannten Inkarnations- und Reinkarnationstherapie je Beachtung fand, ist die Tatsache, dass auch diese evolutionären „Vorfahren" Spuren in uns hinterlassen. Ebenso wie Energie- und Persönlichkeitsmuster aus bisherigen Mencheninkarnationen unser jetziges Leben prägen, gibt es „vormenschliche" Existenzformen, die in Carne feststellbar sind. Selbst für Inkarnationsskeptiker sind diese Hinterlassenschaften unserer biologischen Vorfahren logisch und nachvollziehbar.

Die Zeugnisse unserer evolutionären Entwicklung können Prädispositionen für sogenannte psychosomatische Krankheiten sein. Ihr Vorhandensein hinterlässt energetische Informationen/Muster im Körper, die das eigentliche und adäquate Erleben überlagern. Die Informationen sind im Jetzt störend und können sogar krankmachend wirken.

Bemerkenswerterweise hinterlassen nicht alle unsere Vorfahren (das ist eine unvorstellbare Anzahl) energetische Muster in unserem Körper. Nach welchen Gesetzmäßigkeiten eine biologische Vergangenheit /Information bei einem Menschen einen energetischen Abdruck, ein Muster und damit eine Störung im Erleben hinterlässt, ist uns nicht bekannt.

Wir vermuten, dass im jetzt fälligen Evolutionsschritt die Informationen stören, die nicht zur jetzigen Lebensform adäquat sind. Oder, der Mensch aktiviert im eigenen Interesse die permanent in ihm ruhenden Informationen, um mit ihnen Lebensgewinn/Krankheitsgewinn zu erzielen, existierenden Beschwerden eine Erklärung zu geben und/oder seine Persönlichkeit auszuformen. Das mag nicht klug, sondern sogar selbstzerstörerisch sein, doch welcher Mensch ist schon durchgehend klug und wer hat schon den dazu nötigen Ein- und Durchblick?

Bekannt ist, dass kein Mensch die Informationen eines Pferdes in sich trägt und als evolutionären Vorfahren haben kann. Ebenso ist es nicht möglich, die Restinformationen eines Hundes, einer Katze oder eines Spatzen in sich zu tragen. Ein Mensch kann mannigfaltige Tiere, sogar Pflanzen und Mineralien zu seinen evolutionären Vorfahren zählen. Es sind jedoch immer nur Informationen von den Seins- oder Wesensformen zu finden, die in der evolutionären Entwicklungskette eine Vorform des Menschen darstellen.

Man kann sich leicht ein Bild davon machen, wer und was zu unseren derartigen Vorfahren gehört. Man nehme ein Schaubild des „Stammbaums der Evolution“, schaue ihn sich an und sehe sich die Abzweigung an, die dem Menschen vorangestellt sind.

Dort wo der Ast des Menschen abzweigt, stelle man sich eine horizontale Linie vor. All das, was sich unterhalb der gedachten Linie befindet und im „Baum“ zum Menschen hinführt, kann als potenzieller Vorfahr, d.h. auch als Inkarnation / Information / evolutionäres Muster jetzt im Menschen vorhanden sein.

So können im Menschen auch Tiere, die seit Millionen Jahren als ausgestorben gelten, als Information „weiterleben“. Es kann sich logischerweise nicht um ein Eichhörnchen oder einen Igel handeln, denn das sind relativ junge Tiere, wenn man den Evolutionsbaum betrachtet, die keine Vorfahren des menschlichen Lebens bilden.

In der menschlich- biologischen Evolution finden wir alle unsere Vorfahren, so ungewöhnlich sie auch für unsere heutigen Begriffe sein mögen. Sie haben dazu beigetragen, dass wir so wurden, wie wir sind und denkt man weiter, noch andere als jetzt werden können.

Wäre etwas Anderes in unserer Vergangenheit gewesen, würden wir so nicht sein/sein können, wie wir sind. Man kann es als Zufall sehen, man kann es als Systematik begreifen, doch weder das eine noch das andere führt zu einer befriedigenden Antwort. Die Verhältnisse waren so, wie sie waren und sind jetzt so, wie sie sind. Dieser einfache Satz dient als Erinnerung, um dem eindeutig überflüssigen Wunschdenken und den Spekulationen „Was wäre wenn…“ entgegenzutreten.

Zudem ist in der Inkarnationsarbeit für unseren jetzigen Zustand das Wissen darum, was wann und zu welcher Zeit gewesen ist, nicht entscheidend. Das Wichtige bei den evolutionären Inkarnationen ist, was derzeit in einem Menschen als Erinnerung / Energiemuster / Restinformation aus der biologischen Vorzeit vorhanden ist und seine Folgen zeitigt.

Lässt man sich vollständig auf die evolutionären Inkarnationen /auf die vorhandenen Muster ein, dann erreicht man einen allerersten Lebenspunkt. Es ist die allererste „Geburt“. Man kann hier bei der „ersten Geburt“ weder von Glück, von Unglück oder Karma sprechen, denn die Erinnerung ist so, wie sie ist. Es handelt sich weder um einen Menschen noch um keinen Menschen. Diese allererste Geburt ist die Lösung eines beinahe unbegrenzten Geistes/Feldes aus/in einem unbegrenzt erscheinenden Geist/Feld.

Bemerkenswerterweise ist dieses unbegrenzte Feld so umfangreich, dass in seiner weiteren zeitlichen Abfolge Galaxien und Kosmen darin Platz finden. Als Mensch im jetzigen Zustand kann man nach der Größe des Raumes fragen, man kann auch nach einer zeitlichen Dimension fragen. Beide Dimensionen sind vorhanden, wobei die räumliche Dimension im Bewusstsein präsenter, als die zeitliche ist.

Ein Begriff von Zeit ist zwar vorhanden, aber nur bei äußerster Wachheit und Aufmerksamkeit erlebbar. Und doch ist dieser „Raum" die erste Emanation der Materie und damit der Anfang unserer erinnerbaren Existenz. Sie ist annähernd ohne Ende, überall gleich und ohne Charakter, außer man sieht eine annähernd unendliche Existenz als ein Charakteristikum an.

Über die Dauer dieser „Existenz" können wir keine für menschliche Begriffe fassbaren Angaben machen. Man kann an diesem Punkt der Erinnerung von dem erlebten Raum und von einer erlebten Zeit an sich sprechen.

Im Laufe einer beinahe nicht vorhandenen/wahrnehmbaren Zeit verdichtet sich das Feld und beginnt sich in jeweils Kleineres zu teilen. Je weiter die Teilungen fortschreiten, desto deutlicher wird Raum und Zeit. Raum und Zeit sind nicht durch Geburt und Tod gekennzeichnet, sondern durch Beginnen und Enden. Mit zunehmender Aufteilung/Verkleinerung wird im Gegenzug Bewusstsein deutlicher, dichter und erlebbarer.

Ein Kosmos hat das Bewusstsein eines Kosmos, eine „Wolke" hat das Bewusstsein einer Wolke, eine Explosion im kosmischen Ausmaß hat das Bewusstsein einer Explosion in kosmischen Ausmaßen. Wenn wir hier schreiben „in kosmischen Ausmaßen", dann transportieren wir eine menschliche Sichtweise, um das ungeheuerliche Geschehen (eine menschengemäße Wertung) sprachlich fassbarer zu machen.

Das hier vorgestellte Wissen ist das Ergebnis jahrelanger Auseinandersetzung mit diesem Thema auf allen von ihm zugänglichen Ebenen. Es geht in diesem Zusammenhang nicht um die Erfahrung als solche oder die Erweiterung des Wissens, sondern um die Erfahrung und Lösung dessen, was an Prägungen, auch aus der Evolution stammend, in uns vorhanden ist. Dabei gibt es Erfahrungen, die zu verallgemeinern sind und andere von eindeutig persönlicher Natur.

Bei weiterer Auseinandersetzung wird klar: Die jetzt vorhandenen Erinnerungen/Muster sind ausschlaggebend und nicht die (sowieso nicht nachprüfbaren) damaligen Tatsachen. Das gilt für jede Art der Inkarnation. Erinnerungen beanspruchen zwar das Recht auf Wirklichkeit und

Realität, sind jedoch nichts Anderes, als im Jetzt, im individuellen Menschen vorhandene Strukturen. Bestenfalls können sie Abbilder von Vergangenem sein. Doch selbst wenn es so gewesen wäre, wie erinnert, mag es zwar emotional, philosophisch und aus religiöser Sicht heraus interessant sein, spielt jedoch faktisch für den konkreten Selbstfindungs- und Selbsterfahrungsprozess keine Rolle.

Das Wichtige und Wesentliche für den Prozess, in den man mit der Erinnerung treten kann, ist die Befreiung, die Lösung und Integration von beeinträchtigenden Mustern.

Es ist interessant und faszinierend, dass solch objektiv weit zurückliegende „alte“ Ereignisse/Erinnerungen/Prägungen die Biologie, die Psyche und den Geist des jetzigen, konkreten Menschen prägen und das jetzige Leben nachhaltig beeindrucken.

Über die evolutionären Inkarnationen ist unseres Wissens nach bisher nichts geschrieben oder berichtet worden. Stellen wir die Arbeit in Seminaren oder auch in Einzelarbeit vor, ist es umso erstaunlicher, welche Reaktionen und Rückmeldungen eintreten. Das Erkennen und Lösen dieser Muster wird von den meisten Menschen als dermaßen befreiend erlebt, dass wir meist zu Beginn großes Erstaunen, dann eine unheimliche Erleichterung und zu guter Letzt vor allem Dankbarkeit ernten.

Auch wenn die evolutionären Inkarnationen bisher nicht als solche erkannt werden konnten, kennt jeder die Auswirkungen. Sie bestehen in körperlichen Problemen, für die es bisher keine Erklärung gab. Sie werden von den betroffenen Personen selbst in der Regel als psychosomatische Erscheinung gewertet. Der Haken daran ist nur, dass der psychische Grund für die „Erscheinung“, sowie das Referenzerlebnis zu ihm beim besten Willen nicht gefunden werden kann.

Ein Mann, 55 Jahre:

Meine Begegnung mit dem Aal

*„Mein erstes Kennenlernen einer evolutionären Inkarnation war absonderlicher Art.*

*Es war ein Tier. Es fühlte sich an wie ein Aal. Ich komme zu diesem Begriff, weil es mir sprachlich, formal und inhaltlich das naheliegendste war, was ich meinem Erleben von diesem Lebewesen zuordnen kann. Mit der Zeit, als ich den „Aal“ näher kennen lernte, bekam ich immer mehr den Eindruck, dass es ein Tier war, das ähnlich wie heutige Aale Stromstöße produzieren kann, bzw. konnte. Daran ist weiter nichts auszusetzen, denn das gehört zu bestimmten Arten von Aalen und anderen Tieren, doch der*

*„Aal" hatte in mir in Form einer Information Platz gefunden. Er hatte sein Zuhause in meiner Wirbelsäule, etwa vom Okzipital-Knochen bis in die Mitte des Rückens. Dagegen ist auch nichts einzuwenden, könnte man hier argumentieren, doch seine immer wieder abgegebenen Stromstöße hatten einen ausgesprochen unangenehmen Einfluss auf mein Nervensystem. In meinem Nervensystem, so mein Erleben, passierten „wie aus heiterem Himmel" Aktionen, deren Grund mir naturgemäß nicht bekannt war. Ich hatte es bis dato als eine unabänderliche Art meiner Nervosität betrachtet und in mehreren Anläufen nach den Hintergründen geforscht, ohne je fündig zu werden. Nun hatte ich eine eigenartige, aber für mich handfeste und nachvollziehbare Erklärung.*

*Doch was machen mit diesem Aal? Mein Ziel war es, nicht den Aal zu beseitigen, er war mir gleich. Ich hatte ausschließlich das Bedürfnis, nicht mehr einen solchen nervösen Herd in mir zu haben.*

*Mit diesem Ziel kam ich nicht sonderlich weit, d.h. meine Nervosität wurde nicht geringer, sie hörte auch nicht auf. Mit der Zeit und mit zunehmender Erfahrung erkannte ich, dass die Auseinandersetzung mit den evolutionären Inkarnationen darin besteht, dass man sie bewusst so existieren lässt, wie sie sind. Weder erträgt man sie, noch sollte man gegen sie arbeiten. Weder sollte man die Hoffnung hegen, dass „es" jemals aufhört, noch sollte man die Furcht davor haben, dass „es" bleibt. Bewusst erleben. Das ist die ökonomischste Art und Weise, wie man mit solchen Phänomenen wie Inkarnationen aus der Evolution umgehen kann."*

Es ist eine hohe Anforderung an fast jeden Menschen, die Dinge und Verhältnisse so zu nehmen, wie sie sind. Es trägt jedoch mit Sicherheit auch zur Charakterbildung bei. Außerdem, je wacher und aufmerksamer und zugleich entspannter ein Mensch ist, desto einfacher ist der Umgang mit evolutionären Inkarnationen. Wach sein, wahrnehmen, es so sein/existieren lassen, wie es ist, das ist der kürzeste und beste Weg, wie man diesen Teil der biologischen Geschichte der Menschheit hinter sich lassen kann.

Ein Mann, 48 Jahre alt:

Der Stein in der Brust

*„Ich erlebe einen ständigen Druck in der Brust, die sich immer hart und angespannt anfühlt. Ich kenne es eigentlich gar nicht anders. Ich wollte schon immer dieser Beschwerde auf die Spur kommen, denn das Atmen fällt mir dadurch enorm schwer. Früher habe ich geraucht und dachte die Beschwerden seien die Folge meines Zigarettenkonsums. Jetzt rauche ich jedoch schon über 10 Jahre nicht mehr, und sie dauern dennoch an. Bisher*

*hatte ich nie den Schlüssel zu meinen Atemproblemen in die Hände bekommen, bis ich vor kurzem, bei Wilfried und Frauke in der Ausbildung, die Arbeit mit den Körperinkarnationen (ein anderer Begriff für die evolutionären Inkarnationen) kennenlernte. Wäre ich jünger, würde ich sagen - das knallte durch!*

*Ich konnte erleben, dass die Spannung in meiner Brust von einem großen löcherigen Stein (in ihm sind Löcher größer als die eines Bimssteins) verursacht werden und weder von psychischen Komponenten, noch von Zigarettenkonsum oder Sonstigem herrühren. Dieser Stein liegt dort herum, niemand weiß warum und beeinträchtigt meine Lunge, meine Atmung, mein Erleben in diesem Bereich. So spüre ich das.*

*Natürlich ist dort nicht wirklich ein Stein, aber das Gewebe empfindet sich als ein solcher, auch wenn es so nicht ist. Es ist paradox und aus diesem Paradoxon entstehen ein permanentes Unwohlsein sowie Missempfinden. Mich würde es nicht wundern, wenn meine Atembeschwerden, die mich schon lange plagen, hier auch ihren Anfang nehmen...*

*Ich bin überrascht und erstaunt, denn nachdem ich mich jetzt ein paar Tage immer wieder, nach der im Seminar gegebenen Anleitung, mit dem „Stein" befasst habe, wird er immer weniger, das permanente Unwohlsein verschwindet langsam. Ich habe den Eindruck, es ist bald ganz verschwunden und meine Beschwerden mit ihm."*

Eine Frau, 35 Jahre alt:

Was hat Magenschmerz mit einem Egel zu tun?

*„Das Tier, welches ich in meinem Bauch ausmachen kann, ist ein „Urviech", ein schwarzes, glitschiges Tier – eine Art Amphibie mit der Körperform eines Egels. Es sitzt in meinem Oberbauch. Leicht nachzuvollziehen, dass das Ekel bei mir mit sich bringt, nicht wahr?! Dieser Ekel erfasst mich durch und durch. Konzentriere ich mich auf das Tier, wird der Ekel erst einmal stärker, aber eigentlich ist er immer vorhanden. Ich weiß das auch, spüre es immer wieder und habe mich schon ganz oft gefragt, wovor ich mich eigentlich ekele...*

*Auswirkungen dieser Körperinkarnation sind wahrscheinlich: Meine Magenschleimhaut ist grundsätzlich leicht gereizt (ich bin dadurch natürlich auch schnell gereizt). Und die Bewegungen des Tieres machen mich unruhig. Außerdem weiß ich manchmal nicht: Bin ich hungrig oder nicht? Schließlich „ist" da ja immer was in meinem Bauch (das macht ein Gefühl wie satt) und gleichzeitig ist es da „grummelig", als wäre ich hungrig."*

Zur nochmaligen Erinnerung: Auch wenn man die erlebten zeitlichen

Dimensionen mit herkömmlichen menschlichen Begriffen nicht ermessen kann, es ist „in Wirklichkeit" so, dass diese Phänomene ausschließlich im Jetzt erlebbar und wirksam sind. Dies sollte man sich immer wieder vergegenwärtigen, damit ein Realitätsbezug mit dem Hier und Jetzt erhalten bleibt. Weiterhin ist es sinnvoll sich klar zu machen, dass nicht die evolutionären Entwicklungen die Blockade darstellen, sondern ihr im jetzigen Menschen vorhandener Erinnerungsabdruck.

Es ist uns bisher nicht zugänglich nach welchem System, logisch oder zufällig, um zwei Variationen zu nennen, die evolutionären Inkarnationen (Körperinkarnationen) in den jeweiligen Menschen hineinfinden, die für ihn relevant sind. Glücklicherweise erinnert nicht jeder alle Evolutionsstadien (weil sie keine energetischen Muster hinterlassen haben). Eine genauere Überprüfung der direkten Vorfahren eines Menschen auf diese Phänomene hin wäre sicherlich wünschenswert, um herauszufinden, ob er genau dieselben Inkarnationen erlebt, wie seine Vorfahren. Denn man kann annehmen, dass Inkarnationen dieser Art „vererbt" werden.

Die Antworten wären für jemanden, der sich in erster Linie für Wissen interessiert, wichtig. Unser Aspekt ist der der Prophylaxe, der der Selbsthilfe und des therapeutischen Herangehens. Das A und O ist, dass derjenige, der sich mit evolutionären Inkarnationen befasst, sich von den Prägungen, den Inhalten und den Folgen der Prägungen befreit. Das Wissen um diese Phänomene ist nötig, um ein Koordinatensystem innerhalb der Inkarnationen zu bilden. Es ist sicher sehr sinnvoll zur Verstärkung der Motivation und kann hilfreich und stabilisierend sein, wenn man im Prozess der Aufarbeitung ist. Doch niemand befreit sich durch Wissen, sondern immer nur durch die konkrete, praktische und verändernde Erkenntnis und Tat.

Es gibt in dem System der evolutionären Inkarnationen eine faszinierende Systematik, nach der die unterschiedlichen Inkarnationsformen im Körper aufzuspüren sind. Nicht jede Wesensform hält sich an jeder beliebigen Stelle im Körper auf, nicht jedes Wesen kann überall seine Erinnerungsspur hinterlassen.

Im Gegenteil, wir finden in den Körperinkarnationen immer einen Bezug zur Funktion des Organs/Organsystems, zu seiner Struktur oder zu seiner Form und Bedeutung, der analog zum jeweiligen Körperbereich ist. An dieser Stelle wird der Bezug zur Evolution sehr deutlich, denn alles was wir erleben können, ist in irgendeiner Art ein Vorläufer auf dem langen Weg, den das Organ oder auch seine Form oder seine Funktion innerhalb der Evolution genommen hat.

Der Egel im vorherigen Beispiel hat sowohl einen Bezug zur Form und Funktionsweise des Magen/Darmtrakts, als auch zu dem Prinzip aufnehmen und verarbeiten, welches in diesem Körperbereich vorherrschend ist. Es ist wohl für jeden verständlich, dass vor Jahrmillionen innerhalb unserer Evolution ein derartiges Lebewesen die Grundlage für unsere jetzige Darmfunktion gelegt haben könnte. Ebenso der löcherige Stein im Lungenbereich. Natürlich ist er nicht als ein direkter Vorfahr unserer Lungenfunktion zu verstehen, und dennoch finden wir in dem Stein denselben Aufbau wieder, den unsere Lunge heute aufweist – eine gasgefüllte Bläschenstruktur.

Man findet diese Analogien in allen uns bekannten Körperinkarnationen wieder. In den Füßen verschiedenste Vorformen unseres jetzigen Gehens, unserer jetzigen Füße, des Kontaktes zum Boden und von vielem mehr, was wir gemeinhin als Entwicklungsschritte auf dem Weg zu unseren Beinen und Füßen betrachten können. Die Arme und Hände bilden den Sitz für Körperinkanationen, die Entwicklungsschritte hin zur Form unserer Hände und Arme beinhalten, die zum Handeln, Handhaben, Halten und Greifen nötig waren.

Den Brustraum wiederum kann man als Ort für luftige, löchrige Gebilde, gasförmige Wolken und Ähnlichem ausmachen. So setzt es sich fort. Je mehr dieser Inkarnationen man kennt, umso deutlicher wird das Bild. Das Bild hinterlässt die Spur, den Ablauf oder zumindest Teile des Ablaufs unserer evolutionären Entwicklung, die wir auf diese Art in uns tragen, ob wir wollen oder nicht.

Auch unser Nervensystem ist von diesen Informationen geprägt. Um die ganze Dimension dieses Phänomens zu verdeutlichen, möchten wir Ihnen ein letztes Beispiel nennen.

Eine 50-jährige Frau berichtet:

Zwanghaftes Verhalten oder körperlicher Automatismus?

*„In der Beschäftigung mit den Körperinkarnationen stieß ich auf ein ganz „komisches" Wesen, welches mit einem „komischen" Verhalten meinerseits einhergeht, über welches ich mir schon öfter Gedanken gemacht habe.*

*Seit längerem beobachte ich, dass Krümel auf Tischen und Böden, ebenso wie Zahnpastakleckse an Spiegeln, Fussel auf der Kleidung und ähnliche kleine Dinge mich enorm nervös machen und mich wie zwanghaft dazu bringen, sie wegzumachen. Ich kann sie einfach nicht liegen lassen, finde erst Ruhe, wenn sie weg sind. Für Außenstehende mag das lustig erscheinen, vielleicht auch nervig, ich selbst hatte bisher keine Gewalt über dieses Verhalten, ich konnte nicht anders, ich musste diese Teilchen wegmachen.*

*Bei dem Wesen, von dem ich spreche, handelt es sich um so etwas wie eine Qualle. Das stimmt zwar nicht ganz mit unserer heutigen Vorstellung und Erfahrung von einer Qualle überein, aber ich finde keine bessere Bezeichnung, um das Wesen zu beschreiben. Es ist sehr beweglich, hat keine feste Knochenstruktur, dafür aber mehrere „Arme", Körperfortsätze.*

*Mit diesen Armen ist es ständig dabei, kleine Teilchen, Plankton, Algen oder Ähnliches in seiner Umgebung aufzunehmen und sich einzuverleiben. Dieses „Tun" ist kein willentliches Tun, es ist ein Automatismus, der unwillkürlich abläuft. Das Wesen oder soll ich es besser Tier nennen?, lebte im Wasser. In der Wahrnehmung dieses Tiers gab es nur kleine Teilchen, die es von Flächen, wahrscheinlich waren dies Steine, sammelte.*

*Dieses Tier sitzt in mir, es gibt keinen bestimmten Ort, an dem ich es wahrnehme. Es ist, als säße es in meinen Nerven und damit überall. Die Nervosität, die mir Krümel und Co. bisher bereiten, kommt dann, wenn ich versuche den Reflex, den die Krümel in mir auslösen, zu unterdrücken. Ich weiß, überall Krümel zu beseitigen ist keine sozial verträgliche Verhaltensweise. Ich fühle mich jedoch gezwungen dies zu tun, denn der Impuls ist ständig in mir vorhanden. Mit diesem Konflikt muss ich umgehen. Ich meine, den Reflex bändigen zu müssen, um nicht als ein zwanghafter, übergriffiger oder psychotischer Mensch angesehen zu werden.*

*Ich bin sehr froh, eine Möglichkeit gefunden zu haben, mit der ich diesem Konflikt auf den Grund gehen und mich von ihm lösen kann. Ich konnte mir bisher einfach keinen Reim darauf machen und fing schon an, an mir zu zweifeln."*

Tiefsitzende psychosomatische Probleme gelten in der Regel als schwer behandelbar. Weiß man um die körperlichen Spuren, die unser evolutionäres Erbe in uns hinterlässt, versteht man auch warum. Denn hier, in diesen Erscheinungen sind die Hintergründe und Ursachen vieler als psychosomatisch erscheinender Erkrankungen zu finden.

Suche ich die Ursachen im Psychischen, komme ich aber nicht weiter. Die Suche muss im Nichts verlaufen, da sie in der falschen Richtung, im Psychischen forscht, wo doch eigentlich im Körperlichen die Hintergründe zu suchen sind.

Die Bandbreite der evolutionär bedingten, körperlichen Phänomene ist umfangreich. Wir haben einige benannt, um ein Bild von den Möglichkeiten zu vermitteln, die in dieser wundersamen und wunderbaren Arbeit für die körperliche Gesundheit und das gute körperliche Empfinden liegen.

## ABC: Hinführung
[hɪnfy:ʀʊŋ]

Die Hinführung zu einer Inkarnation ist die Anleitung zur aktiven Erinnerung der Ereignisse einer früheren Existenz. (Von Rückführung sprechen wir lediglich ab und an, aufgrund der weiten Verbreitung und damit besseren Verständlichkeit des Begriffs.)

Wir führen zu den Erinnerungen einer Inkarnation HIN, da diese Informationen / Anbindungen jetzt erlebt werden.

Wir tragen mit dieser Terminologie dem Umstand Rechnung, dass es niemandem möglich ist, in die Vergangenheit zu gehen. Es ist lediglich möglich, sich aus dem Jetzt heraus an Vergangenes zu erinnern.

Die Erinnerung geschieht immer aufgrund dessen, was in einem Menschen heute vorhanden ist, weil es Spuren hinterlassen hat.

# Übungen zur Selbsterfahrung

## Das Tor zu den Inkarnationen
## Hole Dir eine Inkarnation ins Bewusstsein!

Hier stellen wir eine, so meinen wir, leicht zu erlernende Technik für die Rückerinnerung einer menschlichen Inkarnation vor.

Wir versuchen damit, dem Bedürfnis vieler Interessenten und Wissensdurstigen nach Informationen über unsere Art der Technik(en) und zugleich nach Wissen und Erfahrungen über Inkarnationen entgegenzukommen.

Es ist eine Technik, von der wir annehmen, dass man sie nach schriftlicher Beschreibung eigenverantwortlich und erfolgreich praktizieren kann.

Natürlich braucht man dazu ein gewisses Maß an Sensibilität und auch Mut oder Neugierde. Wer die Technik praktiziert, übernimmt dafür sämtliche Verantwortung, für das Verstehen, für die Praxis und für die Ergebnisse. Das ist uns wichtig zu erwähnen.

Wir beschreiben die Übung nach bestem Wissen und Gewissen.

Natürlich wäre es uns lieber, wenn Sie hier vor Ort oder per Videokonferenz diese und andere Techniken lernen würden, denn dann könnten wir auf Ihre persönlichen Voraussetzungen individuell eingehen.

Wenn Sie sich dazu entschließen sollten, finden Sie am Schluss des Textes die Kontaktadresse.

## Hier die Übungsanleitung:

Hinweis: Wenn Dir die Informationen und Empfindungen in der Übung zu nah oder zu intensiv oder gar unangenehm werden, kannst Du die Übung jederzeit beenden. (Für die Übungen ändern wir die Anrede ins vertraulichere Du.)

Atme dann tief durch und öffne die Augen.

1. Schritt: Visualisiere Dein gesamtes Energiefeld.

Vielleicht baut es sich Schritt für Schritt auf, vielleicht ist es farbig oder zwei, dreidimensional, vielleicht siehst Du es sehr nah oder auch klein und weit weg von Dir.

Gleich wie es ist, lerne es kennen, denn es ist Dein Energiefeld. So wie Du es siehst, wie es Dir erscheint, ist es genau richtig. Es ist ein Symbol, ein Abbild oder eine Realität, die Dich spiegelt. Welche Worte Du für das Phänomen auch gebrauchen magst, es ist ein Spiegel Deines für Dich derzeit erkennbaren Daseins.

Schau es Dir an, lerne es kennen, fühle Dich ein.

2. Schritt: Inkarnation herausfinden.

Schaue Dir das Visualisierte mit der Frage an: Welcher Teil der Visualisierung stammt nicht aus der jetzigen Inkarnation?

Stelle diese Frage sanft und bestimmt „in Richtung" der Visualisierung.

Vielleicht wird die Aufmerksamkeit in eine bestimmte Richtung gelenkt.

Vielleicht „suchst" Du einige Zeit und es wird Dir langsam klar, in welche Richtung es geht.

Lasse Dich auf „das Feld" ein, auch wenn Du den Grund dafür (noch) nicht verstehst und nur vermuten kannst.

Schau Dich nochmals um und vergewissere Dich, dass es das richtige Feld ist. Vielleicht hast Du auch die Wahl zwischen mehreren Feldern, dann such Dir eins aus.

Frage Dich wieder: Welcher Teil des Energiefelds stammt nicht aus der jetzigen Inkarnation?

Dieses Feld kann Dir als Tor zu Inkarnationen dienen.

3. Schritt

Hast Du ein Feld gefunden oder Dich für eins entschieden, dann nimm es in Deinen Fokus und lasse Dich auf das Feld ein, lerne es näher kennen, soweit Du magst, so tief Du magst.

Dann gehe in das Feld hinein, lasse Dich ganz von ihm umfangen. Fühle Dich in das Feld ein.

Wie ist die Konsistenz?

Wie ist die Farbe?

Welchen Geruch hat es?

Kommt es Dir bekannt vor?

Lasse das Feld auf Dich wirken.

Kannst Du gut atmen?

Ist es überall in Dir?

Lasse das Feld Dich kennenlernen.

Lerne das Feld nun aus der Nähe kennen.

4. Schritt

Identifiziere Dich mit diesem Feld.

Sei es ganz, „von oben bis unten".

Lasse es Dich durchfluten, umfangen, erfassen, so wie Du es für gut und richtig hältst und so, dass Du möglichst alle Informationen aufnehmen kannst.

Dann kommt der Augenblick, in dem Dir klar wird, dass „nichts mehr geht", d.h. ein rundum gesunder Sättigungsgrad erreicht ist. Das ist meist deutlich spürbar durch ein Gefühl oder die Erkenntnis: „Ich hab's." Wenn dies so ist, ist es ein volles, befriedigendes, angenehmes und vielleicht sogar schönes Erleben.

Zur Erklärung: In jeder Inkarnation hat der Mensch ein Grundgefühl. Dieses Grundgefühl ist spezifisch und in dieser Form, mit diesem Inhalt nur in dieser einen Inkarnation vorhanden.

Das macht es möglich, diese eine Inkarnation an dem Grundgefühl zu erkennen und über dieses Grundgefühl die Inkarnation näher kennen zu lernen.

5. Schritt:

Nun lasse dieses meist emotionale und zunächst undifferenzierte Erleben in Bildern, Gedanken, Gefühlen differenzieren. Das hört sich schwieriger an, als es ist.

Es muss nicht schön sein, was man da zu sehen und zu erleben bekommt, doch ist es mit Sicherheit interessant und für Dein konkretes Leben hier und heute auf die ein oder andere Art relevant. Man kann geschockt sein. Das ist auch gut verstehbar, weil man ohne Vorbereitung auf die Ereignisse mitten in einem Geschehen landet.

Es kann aber auch so sein, dass man zunächst gar nichts sieht, nichts erkennt und sich wie taub und abgeschlossen fühlt. Das braucht nicht verwunderlich zu sein, denn man kann z.B. die Erinnerung eines Taubstummen aktiviert haben.

Uns ist wichtig, Dir zu vermitteln, dass

a) Du auf alles Mögliche (und möglichst auch auf „Unmögliches") gefasst sein solltest und

b) Du das, was Du erlebst, erfassen und im Lebenskontext eines Menschen verstehen und erkennen solltest.

Insgesamt müssen wir sagen, dass der Blutdruck in kürzester Zeit hochgehen oder abfallen kann, die Spannung den Atem verschlagen kann, ein körperlicher, ein psychischer oder ein undefinierbarer Schmerz sich ereignen kann und mehr. Kann, nicht muss.

6. Schritt

Schaue Dich in der Inkarnation um. Es ist wahrscheinlich wie ein fremdes und zugleich bekanntes Leben.

Erlebe und erfahre die Inkarnation, soweit Du möchtest. Das ist sicherlich leichter gesagt, als getan.

Deswegen geben wir Dir den Rat: Schau Dich einfach um, bewege Dich langsam und achtsam „wie in einem fremden Zuhause", schaue Dir mit Abstand und Achtung den Menschen an, erlebe und lasse Dich ein.

Wenn es Dir unangenehm oder intensiv oder „strange" wird, entscheide bewusst, ob Du dabeibleibst oder ob Du die Erinnerungen/Erlebnisse abbrichst und zur Ablenkung etwas gänzlich anderes tust.

Oder: Bleibe „dort" so lange wie Du möchtest.

Diese Technik haben wir hier beschrieben, weil sie ein einfaches Tor zu den Inkarnationen bietet und es zugleich unwahrscheinlich ist, dass man von den freigesetzten Gefühlen und Bildern überrannt und mitgerissen wird.

Dennoch können die Erfahrungen in der Übung sehr beeindruckend sein und Du kannst auf Grund der gemachten Erfahrungen die Lust verlieren, Inkarnationen auf eigene Faust zu erkunden. Das könnten wir sehr gut verstehen. Es ist natürlich in Deinem Ermessen und in Deiner Verantwortung, es zu tun oder zu lassen.

Wie dem auch sei oder sein wird, die Erfahrungen zeigen, dass man mit dieser Technik:

1. immer an einem inhaltlich oder auch formal wichtigen Punkt eines vergangenen Lebens auskommt und

2. ist man in den Erlebnissen eines vergangenen Lebens angekommen, hat man sie erkannt, verstanden und verarbeitet, führen sie immer zu

einer inneren Bereicherung, zur besseren Selbstkenntnis und oftmals zu einem kleinen Befreiungserlebnis.

Das gibt mehr Kraft und Vitalität.

Manchmal sind die Ein - Sichten beeindruckend oder sogar atemberaubend. Dann mache Dir klar: Von diesen Ein - sichten wird heute aller Wahrscheinlichkeit nach niemand (mehr) sterben, denn der Mensch, der das im Original erlebt hat, ist schon seit vielen Jahren nicht mehr da. Zudem hat dieser Mensch damals dieses Erlebnis überlebt und ist wahrscheinlich später an Anderem gestorben.

Doch das ist eine andere Geschichte....

Also, wer der Ansicht ist: Gelobt sei, was hart macht - pardon - gelobt sei, was Wissen, Selbsterfahrung und Selbsterkenntnis bringt, mag sich darauf einlassen.

Wer sich alleine nicht dazu bereit ist, kann gerne unsere Hilfe als Starterpaket (Videokonferenz per Internet oder vor Ort bei uns) in Anspruch nehmen. (Das ist zu Beginn außerordentlich ratsam, den kaum jemand ist aus sich heraus mit dem Erinnern von Inkarnationen vertraut und kann die Erfahrungen adäquat werten.)

Erst dann, wenn Du das Lebensgefühl erkannt und/oder akzeptiert hast, lasse die Bilder, Gedanken und Gefühle (sanft und vielleicht schemenhaft) in Dein Bewusstsein kommen und sie dann immer deutlicher werden.

Es ist ein Gefühl, das sich immer weiter in konkrete Bilder/Ereignisse differenziert und dann weiter in konkrete Situationen mündet.

## ABC: Lösen von Inkarnationen
[lø:zən fɔn ɪnkarnaˈtsio:nɛn]

Das Lösen von Inkarnationen geschieht durch die Auflösung der Informationen, die aus vergangenen Existenzformen in einem Menschen vorhanden sind.

Das Lösen von Inkarnationen erfolgt in mehreren Schritten, bei denen das Bewusstsein über die Inkarnation eine wesentliche Rolle spielt. Die „in carne" vorhandenen Informationen werden bewusst gemacht, erlebt und in den Kontext gestellt, dem sie entspringen.

Um eine Menscheninkarnation ganz zu lösen und von allen Anbindungen an sie frei zu werden, müssen wesentliche Ereignisse der Inkarnation ins Bewusstsein kommen.

Hierzu gehören, neben den ganz spezifischen Lebensereignissen, der Tod in dieser Inkarnation, die Lebensgrundhaltung des damaligen Menschen sowie die Lebensquintessenz.

## Meditation und Inkarnationsarbeit

Über Meditation wird viel geschrieben. Fast alles was ich gelesen habe, suggeriert, es gäbe wirklich DIE Meditation und genau diese Meditation führe zu sich selbst.

Ich muss sagen: Unsinn.

Meditation als solche gibt es nicht.

Es gibt die unterschiedlichsten Meditationsformen und Meditationsziele. Das sollte man wissen, wenn man sich mit Meditation befasst.

Man sollte logischerweise zunächst die Fragen stellen:

„Was möchte ich mit Meditation?“

„Mit welcher Meditation ist was möglich?“

„Was ist nicht mit welcher Meditation möglich?“

„Was brauche ich nicht?“

Die meisten Meditationen sind Werkzeuge und keine Allround- und Zaubermittel für bessere Nerven, Erleuchtung, Verbesserung des Sozialverhaltens, Harmonie und Gesundheit.

Es gibt einige Meditationsformen, die man so einsetzen kann, doch meiner Ansicht nach sind diese Meditationsformen mehr für klösterliches Dasein über viele, viele Jahre hinweg geeignet.

Doch wie dem auch sei, manche Menschen vertreten den Standpunkt: gleich welche Meditation, gleich welches Ziel, Hauptsache der Mensch meditiert und jeder Grund und jedes Ziel ist auf seine Art richtig.

Diese Auffassung hat sicherlich auch etwas für sich.

### Meditation und Inkarnation

Inkarnationen sind und bleiben bestimmende Strukturen im Menschen, wenn sie nicht gelöst werden. Wenn die Lösung der Strukturen und Anbindungen an die Strukturen in einem aktiven, bewussten und systematischen Prozess geschieht, dann ist das meist mit tiefen Erkenntnissen über den eigenen Zustand und zugleich mit der Lösung dieses Zustandes verbunden.

Es gibt den direkten Weg der Lösung von Inkarnationen, das können z. B. die Techniken sein, die an anderer Stelle des Buches vorgestellt werden.

Es gibt auch die indirekte Lösung von Inkarnationen, das ist die Lösung über Meditation. Mit Meditation kann man ein allgemeines Klima der Entspannung schaffen und verbessert damit die grundsätzliche Bereitschaft zur Lösung der Strukturen aus Inkarnationen.

Werden bei den unmittelbar wirkenden körpertherapeutischen und mentalen Techniken die Anbindungen an die Inkarnationen direkt entkoppelt, wird die in den Strukturen festgehaltene Energie freigesetzt. Diese Energie steht dem Menschen dann im Hier und Jetzt zur Verfügung.

Sie kann z. B. dafür genutzt werden, mit Meditation ein breites, bejahendes Feld zur Lösung und Entkoppelung von Inkarnationen aufzubauen.

Meditation und die direkte Entkopplung von den Anbindungen aus Inkarnationen unterstützen sich gegenseitig in ihrer Wirkung.

Es ist sicherlich ein weiter Weg (zurück) zu sich selbst, das ist mir ausreichend bekannt. Mittel und Wege werden viele angeboten, verantwortliche, halbherzige, unverantwortliche und natürlich auch solche, die in die Irre führen. Auch dem Letzteren kann ich etwas abgewinnen, kann es doch zur Erkenntnis der Selbstverantwortlichkeit führen. Denn das, was man tut, tut man selbst, auch sich von anderen inspirieren lassen und auf andere hören und das tun, was sie sagen und empfehlen.

Geht man in dieser jetzigen Inkarnation einen inadäquaten Weg, kann man sich ja in der nächsten oder übernächsten Inkarnation mit einer anderen Meditation beschäftigen.

Es gibt Lehren, die behaupten, dass Zeit in diesem Zusammenhang unwesentlich wäre... Doch wer zielgerichtet, mit Interesse und Liebe die persönliche Entwicklung angeht, möchte auch „in diesem Leben" noch zu Ergebnissen kommen.

Das Zusammenwirken unserer empfohlenen Meditationstechniken und der unterschiedlichen Zugänge unserer Inkarnationsarbeit ist offensichtlich, wie im Laufe des Abschnitts klarwerden sollte.

Meditation ist eine Tätigkeit und kein „einfach so" vor sich Her- und Hindösen.

Eine leere Wand anzuschauen, mag sinnvoll sein, wenn man sie mit etwas behängen will oder wenn man sich über Jahre hinweg seine Unzulänglichkeit gegenüber tiefsten Weisheiten beweisen will.

Doch was soll's?

Muss man nicht machen, kann man machen.

Man erntet das, was man sät und das sollte sorgfältig überlegt sein. Nur mit gutem Material und Werkzeug, so weiß jeder Handwerker, hat man die ungefähre Garantie, dass das Werk gelingt.

Man sollte wissen, dass es grundsätzlich drei Arten von Meditation gibt.

Die aufbauende, die abbauende und die neutrale Meditation. Das entspricht den drei Urprinzipien, das aufbauende, das neutrale und das lösende Prinzip des Universums. Kein Prinzip ist aus sich heraus positiv oder negativ, gut oder schlecht. Es kommt ausschließlich darauf an, was im (Lebens-)Zusammenhang sinnvoll ist und zu welchem Ergebnis man kommen möchte.

Zum Training und zur Einführung in Meditation empfehle ich eine technisch sehr einfache Konzentrationsübung, die von Vielen schon für Meditation gehalten wird:

## Die Konzentrationsübung

Entspanne die Füße und Beine bewusst, lasse die Schultern los, die Augen können offen oder geschlossen sein, so wie es Dir angenehm ist.

1. Durch die Nase tief ausatmen.

2. Füße, Beine, Schultern entspannt lassen!

3. Durch die Nase tief einatmen, möglichst soweit, bis die Atembewegung zum Becken oder sogar zum Beckenboden gelangt.

4. Füße, Beine, Schultern entspannt lassen!

5. Durch die Nase tief ausatmen.

6. Füße, Beine, Schultern entspannt lassen.

7. Durch die Nase tief einatmen, möglichst soweit, bis die Atembewegung zum Becken oder sogar zum Beckenboden gelangt.

8. Füße, Beine, Schultern entspannt lassen.

9. Wiederhole die Atmung rund 10 Mal.

Empfehlung: diese Atmung täglich zur gleichen Zeit über mehrere Wochen oder einfach nach Belieben ausführen.

Man kann die Übung erweitern: Folge bewusst dem Atem mit Deiner Aufmerksamkeit.

Nach einiger Zeit, das können Tage oder Wochen sein, fließt die Atmung wahrscheinlich wie von selbst. Trotzdem bewusst bleiben und bewusst atmen. Finde den Atemrhythmus, der Dir guttut. Der Rhythmus kann sich immer wieder ändern.

Diese einfachste Technik führt aller Wahrscheinlichkeit nach zum Abbau der Unruhe des Geistes und des Körpers und zu einer eindeutig verbesserten Konzentrationsfähigkeit.

Diese Meditation ist eine Konzentrationsübung.

Sie kann neben der beabsichtigten Verbesserung der Konzentrationsfähigkeit auch weitere positive Nebenwirkungen zeigen: Verbesserung des Atemflusses, Harmonisierung der Darmtätigkeit, Verbesserung der Erlebnisfähigkeit, mehr und dauerhafter „bei sich sein können".

Hinweis: Diese Übung halten wir für „nervöse" Menschen (vom Typ ADHS) nur für bedingt geeignet, weil sie sich zur Ruhe und Konzentration zwingen müssen, anstatt ihren Weg, den des Abrreagierens und des Ausagierens zu gehen.

Viele Menschen meinen, sie würden meditieren, wenn sie sich entspannen und Gedanken, Gefühle und Empfindungen agieren und vorbeiziehen lassen. Das ist sicherlich in unserer fordernden Welt eine empfehlenswerte Entspannungstechnik, sie weist auf Meditation hin, ist jedoch selbst keine, jedenfalls nicht nach unserer Auffassung.

Meditation ist dies..., jenes..., das...

Meditation hilft bei...

und führt zu...

Meditation ist der Weg selbst...

Meditation reduziert nachweislich...

Das mag alles irgendwie stimmen und gut für den Menschen und seine Nerven sein. Aber es sind Aussagen, die so mit Sicherheit nicht haltbar sind, denn es gibt nicht DIE Meditation schlechthin.

Bei Lichte betrachtet, handelt es sich bei vielen Techniken um eine sozial angesehene Form des Dösens.

Ich musste lernen: Bei Hardcoremeditierenden ist auch das Dösen eine Form der Meditation!

Nun gut, Meditation als solche gibt es nicht. Jede Meditation hat ihre Form, ihre Möglichkeiten, ihren Zweck und ihr Ziel, Punktum.

## Die Lichtmeditation

Hier ist eine technisch einfach zu praktizierende Meditation, die das Lösen konkreter Inkarnationen unterstützt:

Setze Dich bequem auf einen Stuhl, die Wirbelsäule ist aufgerichtet, die Füße sind fest auf dem Boden. Atme ruhig und tief ein und aus, lasse Deine Gedanken zur Ruhe gekommen und folge der Vorgabe:

**„Sieh Dich im Licht“**

Sieh Dich im Licht und zwar innerlich wie äußerlich. Sieh in Dir und um Dich herum Licht.

Du kannst Dich dabei wie ein Gegenüber in einem Abstand von 2-3 Metern sehen oder direkt, dort wo Du gerade sitzt.

Es kann auch sein, dass Du zu Beginn der Meditation ein Bild im Außen siehst und dieses Bild später in Dich übergeht. Sei wach, strenge Dich nicht an um Dich im Licht zu sehen.

Atme gut und bewusst. Tue es leicht, lasse es Dir leicht und entspannt sein.

Sieh Dich so lange im Licht, wie es Dir angenehm ist oder wie Du es möchtest.

Diese Meditation hat den Vorteil, dass man sie mit ein wenig Übung nicht nur sitzend ausführen kann, sondern auch im Gehen, Stehen, Liegen.

Siehe auch: http://1000-kleine-helferlein.de

Mit dieser „Sicht im Licht“ gewinnt man einerseits auf einfache Art und Weise Erkenntnisse über sich, die sonst im Verborgenen blieben.

Zudem wird man sich seiner „Inhalte“ bewusster. Man trainiert, sich in seiner Gesamtheit bewusster wahrzunehmen. Man kann entdecken ... doch was soll ich das hier alles erzählen oder auch nur andeuten?

Selbst ist der Mann, selbst ist die Frau.

Nur einen Sinn und Zweck dieser Meditation, und zwar jenen, den ich im Zusammenhang mit unserer Inkarnationsarbeit für den Wichtigen halte, erwähne ich noch:

Mit der Zeit wird das körperliche Dasein bewusster, angstfreier, entspannter und einfacher. Das ist das Eine.

Das andere geschieht zunächst unmerklich, ist aber wichtig für eine immer besser werdende Erinnerungs- und Lösungsfähigkeit von Inkarnationen. Durch die daraus entstehende Entspannung, die Zunahme von

„Daseinsbewusstheit" und eine langsam um sich greifende Angstfreiheit, werden alle InCarne abgespeicherten Informationen einfacher zugänglich, abrufbar und erlebbar.

Das gilt unsererseits als das wichtige und im Zusammenhang mit dieser Meditation erstrebenswerte Ziel.

Ich möchte Ihnen noch eine weitere radikale und fordernde Meditation vorstellen. Bei dieser Meditation ist es sinnvoll, sich für die ersten „Sitzungen" in einen ruhigen Raum zurückzuziehen, in dem man ungestört sein kann.

Das sind die Grundbedingungen dieser Meditation:

- wach bleiben
- bewusst atmen
- bewusst wahrnehmen
- verstehen ohne daran festzuhalten
- neutral sein

## Die Ich-Meditation

Setze Dich bequem auf einen Stuhl, die Wirbelsäule ist aufgerichtet, die Füße stehen fest auf dem Boden. Atme ruhig und tief ein und aus, lasse Deine Gedanken zur Ruhe gekommen und folge der Vorgabe mit der Intention und Absicht, Dich zu finden. Sie lautet:

**„Ich suche mein Ich."**

Es ist klar, niemand kann auf diese Art und Weise sein Ich finden.

Das fällt schon bei der Analyse der Vorgabe auf.

Doch man hat durch diese Vorgabe die Garantie, dass sich alles das meldet, was sich für „Ich" ausgibt, bzw. so meldet sich alles, was ich für mich halte oder was mir klarmachen will, dass es Ich ist.

Das ist eine ideale Meditation für Menschen, die sich selbst auf die Spur kommen und letztendlich über sich hinauswachsen wollen.

Wie gesagt, es ist ratsam in einem ruhigen Ambiente zu meditieren. Mit der Zeit wird man jedoch fähig werden, diese doch etwas anspruchsvolle Meditation in fast jeder Lebenssituation zu praktizieren.

Mit dieser Meditationsstrategie lockern Sie Ihr Verhältnis zu Ihren Täuschungen über sich selbst. Sie schaffen ein Klima der Erkenntnis über die Verwandlungen und Vielgesichtigkeit Ihrer Täuschungen und werden von Mal zu Mal klüger und sind deswegen weniger (von sich selbst) täuschbar.

Das wirkliche Ich ist im Endeffekt bedeutend stärker, als alle Täuschungen. Was das ist, das (wirkliche) ICH, kann ich schon vorab sagen:

Es ist der Beobachter.

Ich kann es hier verraten, weil es trotzdem ein Geheimnis ist und bleibt.

Was (nicht wer!) der Beobachter ist, erschließt sich erst dann, wenn der Meditierende sich nicht mehr täuschen lässt.

Diese Erfahrung löst die Erinnerung an die EINE Existenz aus. Eine Existenz außerhalb jeglicher Inkarnation.

Damit sie bleibend sein kann, müssen alle Anbindungen an Inkarnationen gelöst werden.

Ich erinnere daran, dass ein Weg alleine, Meditation oder Inkarnationsarbeit, sehr sinnvoll und jeweils absolut empfehlenswert ist, jedoch den einen Weg mit Hilfe des anderen Wegs zu gehen, erst richtig gangbar wird. Meditation schafft das allgemein förderliche Klima und die konkrete Inkarnationsarbeit löst die konkreten Anbindungen.

## ABC: Hauptinkarnation
[haupt´ɪnkaʀnatsio:n]

Jeder Mensch hat eine Hauptinkarnation.

Die Lösung dieser Inkarnation dauert viele Jahre, weil der Mensch außergewöhnlich stark mit ihr identifiziert und verflochten ist.

Der Mensch hat sein jetziges Leben in allen Facetten voll und ganz auf die Realisierung dieses Musters ausgelegt.

Die Schwerpunkte der Anbindungen liegen dabei auf den moralisch - ethischen Inhalten und sozialen Verhältnissen dieser Inkarnation.

Sie sollte erst ins Bewusstsein gebracht werden, wenn schon einige Erfahrungen im Umgang mit Inkarnationsmustern gemacht wurden.

## Der ewige Mensch

Der ewige Mensch ist ein Phänomen, ein Schlagwort, eine Behauptung, ist eine Sehnsucht und auch eine persönliche Erfahrung.

Den ewigen Menschen gibt es nicht, weil man ihn nicht beweisen kann, sagt man.

Den ewigen Menschen gibt es, weil er eine schon oft und von vielen gemachte Erfahrung ist.

Der ewige Mensch ist Lug und Trug.

Der ewige Mensch ist jetzt, im Jetzt.

Die Erfahrung der Ewigkeit ist eine unbewusste Sehnsucht des Menschen und letztendlich eine Selbsthypnose.

Die Erfahrung des ewigen Menschen ist im Jetzt und damit außerhalb jeglicher Zeitwahrnehmung.

Die Erfahrung des ewigen Menschen ist nur ohne jegliche Anbindung an Inkarnationen möglich.

Jetzt ist nicht das Gegenstück zu ewig sondern dasselbe.

Jetzt ist die Erfüllung des Ewig wie umgekehrt.

Der Beobachter ist.

Bewusstsein ist.

## ABC: Die jetzige Inkarnation
[diː jɛtsigə ɪnkarnaˈtsioːn]

Wir unterscheiden zwischen der jetzigen Inkarnation und dem jetzigen Leben.

Wenn wir von der jetzigen Inkarnation sprechen, sind es die unerledigten Muster, Anbindungen und konkreten Aufgaben, die in diesem Leben zu bewältigen sind.

Sprechen wir vom jetzigen Leben, ist das der Oberbegriff für das konkrete Dasein, das Glück, die Liebe, die Vitalität, die ungebundenen Eigenschaften und die Einzigartigkeit.

# Über die Autoren

Wir, Frauke und Wilfried Teschler, sind seit 40 (Wilfried) und 30 (Frauke) Jahren im Bereich Körperarbeit und Erwachsenenbildung tätig.

## Wilfried Teschler:

Ich bin 1949 in Mönchengladbach geboren. 1982 habe ich mein erstes Buch zum Thema Körperarbeit veröffentlicht, mittlerweile sind zahlreiche Bücher hinzugekommen, sowie tausende Seminare und viele Ausbildungen, in denen ich mein körpertherapeutisches Wissen weitergegeben habe. Ich arbeite als Seminarleiter, Künstler, Autor und Coach.

Ich meine, Inkarnationsarbeit ist für viele Menschen eine exzellente Möglichkeit, sich selbst grundlegend besser zu verstehen und ganz zu sich zurückzufinden. Ich mag die Inkarnationsarbeit, weil in ihr die wichtigsten den Menschen prägenden Themen und Inhalte zum Ausdruck kommen und gelöst werden können. Mit der Inkarnationsarbeit erfülle ich einen meiner Lebenswünsche.

## Frauke Teschler:

Ich bin 1958 in Hamburg geboren. Als Pädagogin und Heilpraktikerin habe ich Anfang der 90er Jahre die Techniken und Herangehensweisen der Inkarnationsarbeit kennen- und praktizieren gelernt. Ich kann ohne Umschweife sagen: Ich war von der ersten Minute an Feuer und Flamme für diese Methoden und Themen, denn hier wurde es endlich Ernst.

Ich mag die Inkarnationsarbeit, weil sie klar und eindeutig, ehrlich und im tiefen Sinne des Wortes „gerade“ ist. Ich mag die Anforderungen, die die Arbeit mit sich bringt: Wachheit, Körperbewusstheit und die Konzentration auf das Wesentliche. Jeder, der mag, kann „seine Dinge“ bis in die tiefsten und zugleich höchsten Bereiche des Daseins in die Hand bekommen.

Die Inkarnationsarbeit ist unser Beitrag zur Entwicklung einer Kultur der tiefen Persönlichkeitsentwicklung, die Menschen hilft, sich selbst von Grund auf zu verstehen.

Wir hoffen, möglichst vielen Lesern mit diesem Buch einen Zugang zu der wunderbaren (und manchmal auch wundersamen) Welt der Inkarnationen zu ermöglichen.

## ABC: Zukünftige Inkarnationen
[tsukynftigə ɪnkarnaˈtsio:nɛn]

Es ist nicht möglich, in die Zukunft zu schauen.

Es ist aber sehr gut möglich, „Hochrechnungen“ zu machen.

Man kann Hochrechnungen zu „zukünftigen Inkarnationen“ anstellen, wenn man genau hinschaut, was der Mensch derzeit und überhaupt ablehnt.

Die Ablehnung, die zu einer zukünftigen Inkarnation führt, ist eine Ablehnung, die mit einer Formulierung einhergeht wie: „Das!? Nur über meine Leiche“ oder „Eher würde ich sterben“ oder „Ich würde mich eher umbringen, bevor ich...“

Die Prinzipien „zukünftiger Inkarnationen“ können abgerufen werden, weil sie jetzt schon als Informationen realisiert sind. Ausschlaggebend für eine zukünftige Inkarnation ist nicht allein die Ablehnung von etwas sondern ihre Radikalität und die gewollte Alternativlosigkeit.

# Kontakt & Links

Frauke und Wilfried Teschler
Petersstraße 88
47798 Krefeld
02151 / 3506782
02151 / 9490009
Mail: mail@teschler.info

## Internet

Unsere Reinkarnationstherapie:
https://reinkarnationstherapie-online.de

Der Blog und viele Informationen zur Transformatorischen Astrologie
http://astrologieschule-krefeld.de/

Bücher, Texte, Videos zur Transformatorischen Astrologie und Reinkarnationstherapie
https://teschler-verlag.de/

## Videos

Unser Youtubekanal:
https://youtube.com/user/Teschler1

# Mehr Bücher

## Reinkarnationstherapie

**Sieben gute Gründe, sich mit Reinkarnation zu befassen**
**Frauke Teschler**

Der Gedanke der Reinkarnation fasziniert Menschen seit Jahrtausenden. Auch in unserer Gesellschaft nimmt das Interesse an ihm mehr und mehr zu, doch welche Fragen/Themen können in der Auseinandersetzung mit vergangenen Leben beantwortet werden und welche nicht?

E-Book: 5,80€

Und ein Buch zu einem besonderen, der Reinkarnationstherapie assoziierten Thema:

**Epigenetik trifft jeden - geerbte Probleme lösen**
**Frauke Teschler**

Die gute Nachricht der Epigenetik ist: Wir können unser Erbgut ändern, wir sind einer erblichen Belastung nicht ausgeliefert. Das ist eine wunderbare Errungenschaft, die die Autoren anhand der Auseinandersetzung mit epigenetischen Inkarnationen erstmalig vorstellen.

E-Book: 5,80€

## Astrologie

**Astroenergie - Einführung in die Transformatorische Astrologie**
**Wilfried Teschler**

Jedes Geburtshoroskop ist ein Spiegel der grundsätzlichen Themen eines Menschen. Schaut man in diesen Spiegel, kann man dessen Informationen unmittelbar in Erfahrung bringen. Man bekommt die Möglichkeit, sich besser zu verstehen, Konfliktfelder zu erkennen und sie zu transformieren.

ISBN: 978-3-939578-55-0

Taschenbuch: 7,80€

E-Book: 4,80€

**Astrologie und Corona - Wie Sie Astrologie nutzen können, um eine Ausnahmesituation zum Erfolg zu machen**
**Wilfried Teschler**

Jede noch so komplizierte neue Situation hat Möglichkeiten, die es vorher nicht gab. Auch „Corona“!

Doch wie erkennt man Sie und trotzt den „miesen Stimmungen“ und Untergangsszenarien? Wie erspürt man die Gelegenheiten, die in ihr stecken und findet den richtigen, den eigenen Weg, um als Sieger hervorzugehen.
ISBN: 978-3-939578-59-8

Taschenbuch: 8,00€

E-Book: 5,80€

## Körperarbeit

**Meridiansysteme - Der kreative Umgang mit den Meridianen**

**Wilfried Teschler**

Lerne einen vollkommen neue Zugang zur Meridianenergie kennen! Mit Hilfe heilender Bewegungen wird die Meridianenergie angeregt und reguliert. Das ist Selbsthife und Gesundheitsprophylaxe der allerbesten Art.

ISBN: 978-3-939578-53-7

Taschenbuch 14,80€

**Das goldene Chakrenbuch**

**Lasse alten Ballast hinter dir und strahle wie die Sonne**

**Frauke und Wilfried Teschler**

Mit diesen leicht zu lernenden und effektiven Chakren-Energie-Übungen hebst du deine Lebensenergie/Lebensqualität auf ein neues Level, löst alte Blockaden und aktivierst deine Selbstheilungskraft.

Lerne eine vollkommen neue Art der Auseinandersetzung mit den Chakren!

ISBN: 978-3-939578-61-1

Taschenbuch: 14,99€

E-Book: 6,99€

Frauke und Wilfried Teschler

# DAS GOLDENE CHAKRENBUCH

Wie du mit einfachen Visualisierungen und
Chakren-Energie-Übungen Blockaden löst,
Selbstheilungskräfte aktivierst und
zu mehr und mehr Bewusstsein kommst

Lasse allen Ballast hinter dir
und strahle wie die Sonne!